眾生
我們都是
星族人
2
王謹菱 著

致各位星族地球人，

你們對地球現在所經歷的一切可有一絲熟悉的感覺，
或許你已明白如果我們還不往前踏一步，
這個星球將要面對的苦難又豈止疫病、戰爭、天災……
一切一切將會以更難以接受的情況出現。
當你不斷要維持簡單生命的基本權利時，
沉默會變成奢侈。
如果你明白幻相的本質就不會害怕它，
如果你坦然接受一切只是幻相，沒有任何依戀、掙扎，這也是方法之一。
在你內一切會瓦解，外相並無立足之地，
那麼我們便可以安於「此」！
好好想一想，想一想！
往前踏一步讓我們連結起來，以光和愛保衛這顆美麗的藍星。

——多瑪宇宙

目錄

自序

沒有想過出版本書時竟然碰到烏克蘭與俄國的戰爭，本書中說了很多戰爭，不管是古時的、近代的、星際的、核子、細菌，當然還有人心光明與黑暗、正邪、好壞之戰。

當我一直在研究人類這些戰爭歷史時，所帶來的唏噓和無力感已然讓人沮喪，更難以接受的是今天的地球仍然在重蹈覆徹甚至變本加厲。戰爭是人為，細菌、病毒、疫苗甚至地震這些天然災害也可能是人為。

我們堅決要對戰爭說不，不只是對戰爭的「果」說不，也要對戰爭的「因」說不。對一切會導致人類走向這條道路，一切會加強戰爭的機會，對一切會驅使、發動人的誘因說不。

和平向來都只有內心的和平，這是因也是果！

大家還記得能量救援隊嗎？我們堅守在處理果的同時也在傳遞善念的因。在二元對立的世界裡，如果可以明白因果的必然關係，我們所作的每一件事將必時刻自省。在非二元對立的空性中自然沒有因果，但也沒有你與我。我們只能如履薄冰地在這個表象中匍匐前進，讓更多的人能意識到所陷入的困局只有自己能解決。

本書的出版要感謝橡樹林對我的信任，編輯不厭其煩地為我校對，女兒幫我繪製的封面，還有大家對我的愛護與耐性，讓這本書能在烽煙中面世。

王謹菱

二〇二二年三月二十二日

星語圖下載：

《我們都是星族人2》在每個章節之前都有一幅彩色星語圖，這幅圖有著這個章節的能量，並以圖案、數字和顏色讓感覺釋出。讀者可以掃描QRcode下載這些彩色星語圖。你們可以用這些星語圖來作靜心，或閉上眼睛感受書中的圖案和能量，嘗試以另一種方式閱讀，讓我們帶你在閱讀本書時遊走於不同維度的能量層，享受這個星族旅程。

謝謝各位對這本書的支持，請掃描QRcode開始星族之旅！

1

沙漠外星人的足跡

亞密說這些石頭是在看到飛碟附近的地方找到的，但他更指出一點：「這些石頭是不可能在這個沙漠裡出現的，這裡的沙漠沒有這樣的石頭。」

今年耶路撒冷的冬天特別長，雨水比往年多出幾倍，造就了春天的綠、碧綠的山、翠綠的樹、冰清的河水、滿溢淡藍的湖泊。說加利利湖今年差點決堤，要把湖水引導到約旦河。同樣的情況要追溯至上世紀九〇年代初。

剛踏入六月，以色列除了海法的迦密山（Mt. Carmel）和以北的山脈，其他地方會慢慢換上淡淡的枯黃，七、八月的時候大概只會剩下乾草和熱。如果沒有人工灌溉，土地是枯黃一片，耶路撒冷還好一點，在海拔三千八百英尺的山上，南部的沙漠就只有乾悶的天氣，寸草不生，白天的溫度可達到攝氏五十度，晚上也有三十多度。而且空氣非常乾燥，白天打開門就像打開了烤箱，有好幾次也藍放煎鍋在太陽底下煎雞蛋，果然成功！她覺得這樣的天氣實在不太適合人類居住，但偏偏也藍就是住在這樣的地方。現代人愛吹冷氣，喜歡懶洋洋地動都不動，窩在冷氣房內。

素桑已經很久沒有在夏天去也藍家了，孩子小的時候還會挑選夏天到她那裡玩個十天八天，現在小孩都長大了，當兵的當兵，旅行的旅行，念書的念書，工作的工作，似乎沒有什麼要夏天到這個「烤箱」的理由，但今早也藍在電話說：「你趕快過來，我要帶你去一個地方！」

「從耶路撒冷直接開車到你住的農產公社（moshav）最快也要兩個小時，有什麼重要事嗎？」素桑問。

「你先來再跟你解釋，記得帶上你的旅行三寶，登山鞋、防曬帽和水袋背包。」也藍聲音裡帶點興奮。

素桑聽到她聲調略高有點氣喘，像是在家裡很忙地來回走動。

「好吧！我過去最快也要兩、三個小時。」素桑說。

「等你！」不等素桑回話也藍已經掛了電話。

素桑想，有什麼會讓這個平常泰山崩於前而色不變的人今天這麼興奮！她趕忙收拾行李到也藍家。

出門時看到剛回來的瑪雅便順口問：「你要不要到也藍家？我可能明天才回來。」

瑪雅翻一下白眼說：「那麼熱，你去沙漠做什麼？耶路撒冷的中午已經感覺皮膚被烤，那裡可要把皮也剝了罷！不去！不去！」

「好吧！隨你！」素桑本來也沒有抱太大希望。

「明天能回來嗎？」突然間瑪雅反問道。

「應該可以，我沒打算去很久。」素桑回答說。

「那好吧！就跟你去一趟，剛想起需要一些死海和沙漠的照片。」瑪雅輕聲地不知是自言自語還是對素桑說。

過了大概半個小時，瑪雅終於出現。看她倒也裝備整齊，除了相機和素描畫本，平常絕不喜歡戴帽子的她也帶了一頂鴨舌帽。然後兩人擾擾攘攘地終於出發，從耶路撒冷出城經死海南下是最近的，雖然路比較彎曲但比走公路漂亮多了，瑪雅還可以停下來拍風景照。

以色列國家飲用的水有百分之五十來自海水淡化技術，而約旦也沿用這種唯一能解決飲用水問題的可行方法，約旦河的水泵到死海北面，減慢乾枯的情況，但這個由二〇一三年簽署的死海輸送議案好像沒有怎麼落實，不過今年雨水很多，死海也漲了不少，比起前兩年疙瘩的死海，即使跟海岸還有一段距離，現在看來依舊是一片泛藍。（死海的故事詳見《我們都是星族人 0》一書）

沿途瑪雅挑了好些地方停下來拍照，今天的天空很藍，空氣也很乾淨，可以一直看到對岸的約旦，隨著陽光的折射，海面有些閃閃發光，本來蔚藍的天空，不知道為何在她們頭上總有一片雲，時遠時近，倒是瑪雅最先發現，說：「為何我們頭上的雲沒有遮蔭的作用，有點奇怪？」

「這片雲好像在我們離開耶路撒冷城就出現了？」她接著說。

「是嗎？」素桑有一句沒一句地應著。

素桑索性把車停在一旁讓瑪雅取景，自己坐在公路旁的海邊靜靜享受這罕有的寧靜。她看著這片雲，一下子覺得它變大了不少，感覺就像天空有一個發光的洞直接照到她們周圍，形成了地上的一個洞，她們就在中間。素桑看瑪雅還在尋找角度，絲毫沒有發現在光體裡所發生的一切。素桑仰望天空的洞感覺有種很大的吸力，瞬間成了一個完全不同的影像，她很清楚這不是在肉體層面發生的，因為空間轉移的速度太快，甚至在腦裡有一種因抓不住的感覺而感到暈眩。空間一直膨脹到這個地方才稍稍平復。

偌大的空間，地上是黑色的發光物質，其他的地方好像是星空，但這裡感覺像是駕駛室，有些淩空升起不同太空地區和星球的三維影像，也有一些路線圖。有些人形生物在繁忙地研究著像是一些很重要的事情，但除了這些星圖影像卻沒有看到儀器，也無人在駕駛。素桑在這裡感覺不到聲音，很多人形生物在溝通卻沒有聽到聲音，究竟是自己聽不到聲音還是他們沒有聲音，這一點素桑還沒有弄清楚。正茫無頭緒時，素桑感覺視野被引領到飛船的外面。原來這是一艘很大的船艦，有兩層，長約有二十個足球場，最寬的地方也有十幾個球場的面積，不知這是否是停泊在月球背面的副艦，也是接近地球最大的飛船？船艦的外形極像透明的蝌蚪又像鯨魚，頭很圓有一排燈，那是駕駛艙，船身是一排排密密麻麻的燈，是星空的窗口，船底有些進出口。船身經常處在隱身模式，整隻船大部分時間都是呈透明狀或是雲狀，如果真的有人看到也只是一團雲。似乎船長有意讓人看看船艦。

當素桑正在出神，瑪雅在旁叫道：「我們什麼時候可以前行，你已經在這裡發呆了二十分鐘？」聽到瑪雅的叫嚷，素桑把心神收回，集中精神繼續開車。但她倒是感覺故事未完……

路雖蜿蜒但風景實在很漂亮，深淺不同的藍伴著約旦的粉紅山巒，一路上死海都在她們的左邊，直到過了羅得之妻（Lod's wife）的鹽柱像就差不多離開死海。然後一直往南開約一個小時就會到達也藍在沙漠的家，有朋友常說到她家的感覺像是超越盡頭以外的地方。天氣越來越熱，開著冷氣還是感覺得到外面的熱氣，那種讓柏油路也會融掉的乾熱感。其實在以色列南部這些沙漠農產公社都已經是灌溉青綠的小綠洲。從這到死海也有七、八個農產公社。也藍在這個社區居住了近三十年，由小小的一片農地到今天差不多是這區佔地最大的農場包括廠房。可是她曾說：「農夫是很難做的，都要望天打卦，要跟上天打交道，有時候天氣不好收成不好，別的國家不要我們的貨……等等。」轉入開往他們公社的路幾分鐘就到了。這條路看到的就是低伏蜿蜒的粉紅沙山，看過去偌大的天地，藍得幾乎泛白的天空看上去沒有一絲雲彩。

也藍的家坐落在公社的外圍，對面沒有房子可以看到遠遠的小山丘。下車一陣熱氣從四面八方撲過來，跟車上的冷氣形成強烈對比。歡迎她們的是她家一白一灰的兩隻大狗，站起來有人高，身形略胖卻有瘦削長腿，是能跑帶有獵犬性格的混種狗。牠們喜歡吠，見到有外人來總得盡一下地狗之誼多吠兩聲。也藍出來歡迎她們並告訴黑仔和亞寶：「她們是朋友，你們聞一下就好不要亂吠。」牠們聽後就乖巧地在她們身上嗅一下，帶她們進屋就繼續睡覺。

也藍的房子只有一層建築，門外有個小花園，裡面擺設簡單整潔，只是地上、桌上都有些沙塵。

「沙漠風沙很大，有時一個沙塵暴，整個房子所有夾縫裡裡外外都是沙，我們都習以為常了。」也藍端上清水果汁的時候說。

「沒有沙塵暴、乾涸、煎皮的熱天氣，就不是沙漠了，你倒耐得住那麼多年！眞佩服！」素桑半帶笑道。瑪雅寒暄幾句已經坐著看手機。

「是我選擇了沙漠，還是沙漠選擇了我，到現在我也搞不清楚，只是現在有冷氣，跟以前住在這邊的貝都因人（Bedouin）有天壤之別。你知道我們的冷氣一年有九個月是不關的，因為關了再開，家裡需要等很久才會涼快下來，所以就算我們不在家，冷氣也不關。還好我們都是太陽能發電，不是用化石燃料，沒有污染、價錢也便宜很多，只是冷氣開太多對身體沒有什麼好處！」也藍回答。

「你急著把我召過來有什麼好玩的事情嗎？」素桑一邊喝著草茶說。

「你還記得好多年前，帶我們和小孩一起進入沙漠紮營的貝都因朋友亞密嗎？」也藍問。

「記得！那個神出鬼沒，看一下地上的沙和石頭就知道有什麼經過，什麼時候經過，對沙漠瞭如指掌，並且是以色列軍隊的沙漠顧問那個，對嗎？」素桑不假思索地回答，那樣神奇的人怎麼會忘記？

「已經好久沒有聽你提起過他了。他可好？」素桑反問。

「他待會來，你自己問他！我們今晚跟他進沙漠。」也藍說。

素桑聽後揚一下眉等待也藍繼續說下去。

「亞密說會帶我們去看他推敲曾經在沙漠出現過不明飛行物體降落的地方。」也藍興奮地猶如一個小孩。

「你看一下這塊石頭，是亞密在不明飛行物體降落的地方附近找到的。」她拿了一塊黑色的石頭給素桑看。石頭的表面是光滑的但有些比較大的洞，素桑脫口問：「這不是隕石嗎？」也藍稱亞密說這些石頭是在看到飛碟附近的地方找到的，但他更指出一點：「這些石頭是不可能在這個沙漠裡出現的，這裡的沙漠沒有這樣的石頭。」

素桑想了想，其他人說她可能還會懷疑，如果是亞密說的可信程度便大大提高了。貝都因人是世代居住在沙漠曠野的阿拉伯游牧民族，而在以色列這片內蓋夫沙漠（Negev Desert）居住的部落就稱為內蓋夫貝都因，這些遊牧民族本來都是逐水草而居，以養駱駝、羊、狩獵為生的，並且除了本部落的酋長外，不承認部落傳統以外的任何法律、不服從任何政權、不承認任何政治制度，天性過著無拘無束的自由生活。

在以色列境內的內蓋夫貝都因人按其起源大概可分為三類：

(1)古代阿拉伯遊牧民族的後裔

(2)西奈貝都因的後裔

(3)巴勒斯坦的農民——費拉興（Faraheen）

根據聯合國難民組織世界少數民族和土著目錄二〇一八年的報告指出，以色列約有二十萬貝都因人。他們有一半居住在以色列政府為他們興建的七個小鎮，另外九萬人居住在四十六個村莊內，當中三十五個村不被以色列政府承認，十一個村於二〇〇三年已被官方認可。當然他們也遵守以色列的法律，但貝都因人還是對族中的領袖和規矩十分忌憚。

當素桑還在消化這些訊息的時候，也藍的丈夫亞倫匆匆地走進來跟她打了個招呼就嚷著說：「帳篷、睡袋、食物、水、燒鍋、煮茶和咖啡的水鍋帶了嗎？」

亞倫短小精悍，短髮、黝黑的皮膚，是摩洛哥種的猶太人，地中海人的性情，好客、直接、大大咧咧、十分善良。

素桑對於亞密和這兩天要進沙漠的事，心裡雖然有一大堆問題，但看也藍這麼忙心想：「有什麼問題也等到在車上再問她吧！」

擾攘一輪他們五個人終於出發。亞倫打趣說：「歡迎大家參加我們的沙漠之旅，只要我們還有水和食物，我們就會一直待在沙漠，今天的嚮導是亞密，他會帶我們探索外星交通工具曾經到過沙漠的蹤跡，還有一些完全不應該出現在這個沙漠的石頭，這些石頭是從哪裡來的？也會帶我們去尋找鯊魚牙，在沙漠裡騎駱駝睡在星羅棋布的夜空下，當然如果你十分幸運可能還有別的神祕遭遇……」

「聽起來這個旅行團十分吸引人，謝謝你替我們安排了！」素桑半開玩笑地說。

瑪雅歪著頭翻了一下眼然後看著車外的景色。從也藍的家出來走在小路上已經看到一望無際連綿的沙漠山丘，這個景色無論看過多少次都還是會驚嘆造物主之奇，在生命的每一天每一分每一秒震撼著我們。

「我們什麼時候會騎駱駝？是今天嗎？」瑪雅突然間問。

「不會是今天，現在已經是下午，今天我們先去看一下石頭然後找個地方紮營，明天深入沙漠找回我放的駱駝就可以騎。」亞密說的希伯來語有點阿拉伯口音，同時講話有點不清。

「你說到時候把車停在一旁換駱駝前行，這樣安全嗎？」也藍問。

「你說車的安全還是駱駝？你放心我會找地方把車隱藏好，近日倒是眞的有一些偷車賊，至於駱駝是我自己的，前幾天把牠們放到沙漠吃草所以明天可以把牠們帶回來，同時在沙漠裡行走最好的方法還是用駱駝，這是幾千年來不變的事實。」亞密解釋道。

瑪雅和素桑今天從耶路撒冷一路下來，加上天氣熱已經有點睏，在車上昏昏欲睡，在公路上開了大概一個小時然後轉進一條小路，看到路牌寫著前往米茲佩．拉蒙（Mitzpe Ramon），「哦！原來從這邊可以通到米茲佩．拉蒙！我也很想去那裡看星星，聽說那裡的星空特別漂亮！」瑪雅衝口而出道。

「好的，有機會可以帶你去看看，我第一次去的時候你還沒有出生呢！」素桑附和著。

「你知道那裡除了看夜星以外，也有一個全世界最大的侵蝕坑，位於以色列國家公園拉蒙保護區，那裡是內蓋夫沙漠的山頂，而那個看似隕石坑的侵蝕坑長四十公里，寬二至十公里，深五百公里，那個坑既非隕石撞擊也非火山噴發而成的火山口，你知道是怎麼形成的嗎？」亞倫聽她們在說話也加入討論。

「咦！是真不知道，說來聽聽！」素桑回應著，看了一下也藍她攤開手表示不知道。

「數億年前，當地球還是一大片陸地的時候，隨著時間、地殼板塊運動導致海水上升，你們現在所見的內蓋夫沙漠是一片汪洋，這些沙石全都在海底，所以我們可以在這裡找到貝殼、水草化石還有鯊魚骨化石等。當兩片土地向內擠壓，中間就會形成小山丘，然後最高的山頂會突出海面變成一個島，這一帶都是堅硬的石灰石，經過不知多少年的風吹雨打，山頂因為水的流向而刻出深窪，從而慢慢被抹掉衝擊，最後只剩下裡面的軟沙（這些沙是從中非洲的花崗岩山經過很長時間被河水侵蝕帶來的）。最後當敘利亞非洲大裂谷形成，這條全長六千公里由非洲一直伸延到敘利亞和土耳其的裂縫，形成了世界最長的裂谷，而這個裂縫至今還是繼續的。這個裂縫打開了地球上最低的湖泊死海，而我們剛說的島因地殼的移位慢慢傾向死海方向，最後頂層的石灰岩被侵蝕掉剩下的軟沙，隨著水流而下，這樣就形成了這個稱為拉蒙坑（Maktesh）的侵蝕坑。地質學家研究坑口底部的岩石有二億年的歷史。」亞倫慢慢解釋。

大家都聽得很入神，一片沉默，素桑只見眼前的景物從沙漠變成了海洋，山的凸起，雨水的侵蝕，亞倫所說的歷歷在目，好像一切就在這一刻發生一樣。時間好長但好像是同一時間完成。

「哦！原來有這樣的推演，怪不得你說會帶我們去找鯊魚牙和化石！」當大家還沉浸在思維的洪流，瑪雅突然冒出了一句。大家在她的餘音下慢慢回到眼前的沙漠。

2

神奇黑石結界

素桑看到瘟疫、戰爭，然後水源乾涸很多人死亡，最後她看到祭司帶著最後一批人進入了沙漠，他們在山上日以繼夜地禱告，然後對著一個像太陽的符號膜拜，祭司口中唸唸有詞……

不知道亞倫何時轉進了沙漠，路上的沙石讓車有些顛簸，有時候要緊緊地握住扶手免被拋起。突然素桑注意到前面有一個已經傾斜的小石墩路牌，上面用希伯來文、阿拉伯文和英文寫著薰香之路（Incense Route），素桑一看整個人醒了，大聲叫道：「這就是薰香之路，很久以前走絲綢之路的時候聽說過，可是一直沒有機會去，原來它就在我的眼皮底下！」

「不要說你不知道，我住在沙漠幾十年也沒有留意過這個路牌，今天竟然讓你看見。薰香之路說的是哪裡？」也藍好奇地問。

「在古代亞洲與西方有著三條很重要的通商之路：一條是陸上絲綢之路，範圍包括中國、東南亞、印度、波斯、阿拉伯半島、東非和歐洲的陸路；另一條是海上絲綢之路，它是連接絲綢之路的海上部分，起點於中國福建省泉州市，到鄭和下西洋後才有具體路線。這兩條路徑可以追溯到西元前兩世紀到十八世紀。而最後一條就是薰香之路，這一條主要是以運送香料為主，由於當時對身體塗抹香油作為情色之用，和在廟堂、宗教儀式所需的焚香要求甚多，所以造就了這一條薰香之路。薰香之路可以追溯到西元前十三世紀《聖經》早期，所經之處都是古文明帝國，全盛時期的埃及、美索不達米亞、亞述、以色列土地、印度、東南亞、中國。」素桑說時彷彿沉浸在幾千年前這遍飄香的沙石中，仍聞到的餘韻。

「當然我們現在聽起來，覺得能到此一遊必十分有趣，名字又浪漫讓人充滿遐思，但實情是，當年的薰香之路和絲綢之路必定是一個危機四伏的殺戮戰場。既要攀山涉水面對萬里風沙，缺水缺糧，荒野迷途，還有盜賊猖獗，人命如草芥……」素桑定一定神地說。

「哈！哈！說得好，剛開始你說的時候我已經跟著飛到那片黃沙之上，每一個古文明的國度我也十分嚮往。你要知道我們都有著星際遊牧民族的基因，不停地遊歷和旅行，往往就反映出我們內在潛藏著尋找生命意義的途徑，只有通過這樣，我們才會覺得自己在活著。但當你話題一轉至人命如草芥，我想，當年薰香之路的商旅斷不會覺得如此輕鬆。」也藍說。

素桑聽著只見走的路不再平坦，越進沙漠，山形也有所改變。周圍絕對沒有一絲文明，整個天地就只有他們一輛車。車在沙漠上匍匐而行，電影中的飛車場面其實並不容易，因為沙漠裡看似平穩，其實內裡有大小不同的沙石，崎嶇不平。好幾次他們要攀過一些比較窄，兩面有石頭的小丘，對四驅車來說是有難度的，前前後後轉動方向盤，左顧右盼地才能勉強通過。

「沒想到如此簡單的路坐在車裡是那麼困難，可能走路還比較簡單！」也藍隨口說說。

「是的！走路比較簡單但在炎熱的沙漠你能走多久？最好還是駱駝，還可以為我們背上很多東西、食物和水。」亞倫說。

素桑看了瑪雅一眼，見她一直看著窗外，玻璃倒影看到她明亮而略帶慵懶的眼神，不知道她在想什麼。

素桑心神馳騁在過往曾經去過的沙漠，有些影像不自覺浮現：「其實沙漠的景致也是各異，內蓋夫沙漠跟撒哈拉、戈壁就很不一樣，撒哈拉是連綿黃沙浩瀚蒼涼，戈壁大概百分之五也是黃沙但有些部分是草原，有沙漠的植物也有石山，而內蓋夫更像是沙與石山的混合。當然它的面積跟戈壁和撒哈拉相差很遠。」

一下子就回到多年前她在遊歷絲綢之路時所到過的樓蘭古城。對於怎樣去，過程如何，一點記憶都沒有，但那個超時空的感覺此生不忘。還記得走在古城上的一個下午，天陰還帶點風，當時古城的遊人不多，她走過的每一處都好像看到有很多不同時空的人穿插出現，彷彿回到了一千多年前的樓蘭，風聲在耳邊如泣如訴，就像這個地方跟素桑說話，告訴她那個時空的故事，每天看日出日落的生命。她的生命，大漠裡悲鳴的故事，那個消失的國度。素桑不知道為何有一種悲涼的感覺，站在土地上就有想哭的衝動，心中感受的時間跟眼睛看到的不一樣。頭開始暈眩，那個時空的人好像穿過她的身體。素桑覺得自己一定曾經是樓蘭人，那種感覺那麼真切，她對那片國土有那麼多的情感，彷彿可以訴說一生……然後她見到那裡的國王帶著族人對一個像光／太陽符號膜拜。他們相信這個光神會帶給他們光明，會引領他們死後到達光明之地。族中有一位祭司就是可以跟光神接觸的人。

國王問他：「我們的國家可否繼續興盛繁榮？」

「你們的國家會有戰亂、瘟疫、缺水，最終導致覆亡。」祭司回答。「可有辦法救我們於危難？」國王憂心說。祭司閉目不語。

接著素桑看到瘟疫、戰爭，然後水源乾涸很多人死亡，最後她看到祭司帶著最後一批人進入了沙漠，他們在山上日以繼夜地禱告，然後對著一個像太陽的符號膜拜，祭司口中唸唸有詞，有時候風雷色變，有時候颳起龍捲風沙，素桑可以感受到每個人的牙縫、眼睛、鼻孔全是沙，他們避無可避，只能互相用繩子綑綁聚在一起，才不會被強風颳走。祭司身穿米素衣裳，看來大概五、六十歲，帶領著族人，他一直自言自語彷彿在他身旁有一些看不見的能量在跟他說話。最後素桑看到烏雲密佈的天空突然開了一個洞，一束亮光從天上下來把那群人包圍著，然後祭司跟這群人就不見了。眼前的那個時空就消失了，她只看到荒蕪一片的樓蘭，甚至那些街道、廟堂、皇宮的蹤影都沒有了，一切都沒有了，但感覺仍存在。

其實素桑從來沒有告訴過別人當天所看所感，當然，她之後回想也沒有辦法查出什麼，一則樓蘭留給世人的資料甚少，只知道這個在新疆塔里木盆地東部，羅布泊窪地西北方的小國曾經是絲綢之路上的明珠，是很多商旅休息、買賣的中轉站；是往西域的樞紐；是漢代和匈奴必爭之地，王昌齡的《從軍行》有云：

青海長雲暗雪山，孤城遙望玉門關。

黃沙百戰穿金甲，不破樓蘭終不還。

根據記載，他們於西元一七六年前建國至西元六三〇年神祕消失，一個有八百多年歷史的國家就如此消失，是戰爭？瘟疫？乾旱？羅布泊南北游移，絲綢之路北道開闢？還是被一種由兩流河域傳入的螻蛄昆蟲入侵，讓當時的居民不敵而棄城呢？

另外一點也是素桑後來細想才發現的，就是他們所信奉的太陽倒像是埃及阿肯那頓（Akhenaten）所信奉的唯一太陽阿頓神（Aten），但從歷史學角度就從沒有過任何聯繫。這些在素桑腦內沉澱了很久的感覺和影像突然間復活，顯現出來。

「我們快到看黑石的地方了。」亞密突然冒出一句。

隨著亞密的聲音，素桑像回魂似地回到現在，心裡還是不太踏實，彷彿幾重影像還在面前重疊。她緩慢地轉頭看到在他們的右邊是一列大概兩、三百公尺的山，遠看有些黑點的石頭，然後亞密指著前面的山坡說：「這裡以前有很多很大塊、奇形怪狀的黑石，後來有人發現了這個地方就把它們搬走，現在剩下的都是比較細小的石頭。」

大家在車上的時候覺得這些石頭好像沒有什麼特別之處，他們下了車無意識地跟著亞密和亞倫往山上爬，沿途一直在挑選石頭，這些黑色石頭表面比較光滑，有些石頭有大大小小的洞，也有一些有清晰紋理，有些紋理看起來像圖畫，可惜很多已經不完整看不出是否是一幅有意思的圖騰，石頭很堅硬，比起旁邊的淺色沙石，黑色的石頭重多了。瑪雅走到素桑跟前來說：「這裡的石頭有聲音，從我一下車就可以看到那些聲音和顏色。」

「你看到什麼聲音？」素桑問。

「沒辦法解釋，就是有！不能形容！」瑪雅拋下一句就跑到前面拍照。

瑪雅有聯覺（synesthesia），這是一種神經系統狀態，當刺激一種感覺或認知途徑，會自發導致另一種感覺或認知途徑。例如她可以聽到顏色，或不同的生物所發出的聲響，包括石頭、水晶，也可以看到音樂。有些人每看到字母就會看到相應的顏色或味道。所以聯覺者大多不喜歡到很多人的地方，他們會覺得有太多顏色、聲響甚至頻率。

瑪雅會從人身上看到每個人特有的顏色，但當這個人在不同情況或思緒改變或說謊的時候，身體的顏色也會改變。瑪雅曾跟素桑說：「這沒有什麼靈性與否，這是神經系統的問題。」素桑聽後哈哈大笑，覺得瑪雅的理解方式很好，因為她純粹從一個觀察和研究事情的層面出發，減少所有外在不懂的人所添加的神祕感，這樣反而成了一個觀察者而沒有墮入自我的陷阱。還記得瑪雅小時候偶然會說那些同學是粉紅色，素桑沒有聽明白也沒有留意，原來在瑪雅口裡粉紅色是一個讓她厭煩的顏色，也可能意味小時候對那些同學的感覺。這些資訊等到瑪雅長大了才知道得比較清楚。瑪雅倒是有提過一點，就是當她成長後，聯覺的情況更加清晰和更能仔細分辨。

素桑在山上踱步也在研究石頭，其他人在看石頭的分佈，研究這些石頭是從哪裡來的？

「我們覺得這些石頭是從天空下墜的隕石，然後撞擊地面時變成各種大小的碎塊。」

也藍說時亞倫也在附和著。

「你看這一大塊石頭像是從天空猛然下墜直插入地下，現在突出的部分只是一小角，這塊石頭不知道有多大、有多深。」也藍指著前面一塊突出的石頭說。

「我倒是覺得這些石頭原本就是從地底裡經過地殼運動被擠壓出來的，你們看一看這兩處的石頭，它們所呈現的都是一塊像倒三角形的碎片，這些石頭給我的感覺不是從天空掉下來的。這個地方所發出的能量和其他地方都不同。」瑪雅把自己的觀點說出來。

「說真的，我們都不知道這些石頭如何在這裡出現，這些石頭並不屬於這個沙漠。這個沙漠以前是海洋，上面堅硬的岩石是石灰岩和白雲岩，而內部較軟的是白堊或砂岩。這也是當初發現有這種石頭的時候為何會那麼吸引我，因為我一直沒有想到這些石頭為何會出現在這裡。」亞密說。

當亞密在說的時候素桑坐在一塊石頭上，手裡也拿著一塊在研究，她總覺得這裡有一個獨特的磁場，雖然現在她是在空曠的沙漠，但感覺就像坐在一個房間裡。她感覺周圍的氣流並不流動，空氣也有點凝結。當她伸手去觸摸的時候，感到前面有一道門，她嘗試推但推不動，她開始慢慢用手尋找，她不知道門是否有打開，卻感覺進入了一個結界（何謂結界——就是被某種能量線或牆規劃的一個空間），不知是誰設下的結界，但眼前所見的沙漠出現了很多艘飛船，這些飛船都是透明的，船身較小呈圓扁形，跟之前看到的母艦大小相差很遠。素桑心裡想：「我在哪裡？這些飛船又是什麼？我在哪個時空？」

「你還是在地球，只是在不一樣的地球，這是未來的地球。」聲音自久別的塞尼傳過來。

「塞尼，你怎麼會在這裡？」素桑高興地叫了出來。

「我來接你的。」塞尼和素桑額頭相碰。

「接我？去哪裡？你剛才說這是未來的地球，那是多久以後的地球？」素桑一口氣問了三個問題。

「這是其中一個三百年後的地球。我剛好在處理事情，所以過來帶你回母艦，大家有些事情要跟你商討。」塞尼慢慢地說。

「你在三百年後的地球處理什麼？」素桑忍不住問。

「你先看一看這一個地球再說。」塞尼跟素桑前往前面的飛船。

他們坐上飛船，飛船內部十分寬敞，沒有什麼陳設，只有中間有一張圓形桌子，沒有座位也沒有駕駛艙和方向盤，整艘飛船有環形窗可以看到外面的景色，塞尼只是發出指令，飛船就準備啟航，座椅從圓桌裡彈出來，他們坐好後就自動起飛。素桑正想站起來走到船邊俯視地上的風光。塞尼用手示意，然後他下了指令，船底變成透明的，可以看到所飛過的土地。雖然素桑不怕高，但腳底下透明的感覺真的有些嚇人，心跳加快，身體一熱，然後冒汗，素桑動也不敢動地坐著，雙手還握緊扶手，要等適應了才敢自由移動。她想這個地球好比幾十萬年前，也即是她現在居住的地球，樹木茂盛，海洋的面積很大，一路飛過沒有見到人類文明的跡象，連古文明的跡象也沒有，動物種類繁多，有些從未見過的巨型生物，海裡的也有……巨型飛鳥、飛龍在天空翱翔。

「這怎麼可能是三百年後的地球？就算所有人類從今天開始消失，三百年後也不可能恢復到這樣，這是史前地球還差不多。這些樹木生物、陸地海洋，充滿生氣。」素桑不可思議地說。

「你沒聽清楚嗎？我說是其中一個三百年後的地球，並不是說是你們的地球，這個地球並不是你們時間線上的地球。或許我可以這樣解釋給你聽，同樣是地球但這個地球並沒有選擇變成你們的地球。」塞尼說。

「選擇變成我們的地球？地球在進化上還能選擇嗎？OK，我明白平衡空間，如果你說這不是我們的地球，是另一個平衡空間的地球，這樣解釋可以嗎？」素桑不停在思索地說。

「是平衡空間，而且是很多個平衡空間有很多個地球，因為每個地球所出現的時間線和空間不同，所以選擇有所不同，這個地球的時間線上並沒有被外星族裔探訪，沒有發展成為今天你們的地球，還是依照最原始的生命結構，就好像一個完全被保護的地球。」塞尼解釋說。

「那其他地球呢？」素桑問。

「依照各自地球的選擇存在！」塞尼說。

「那我居住的地球三百年後會是如何？」素桑當然不會錯過這個問題。

「這個問題比較複雜，等一會你去到母艦的時候自然會得到答案。」塞尼賣了關子。

「我就知道你不會那麼輕易回答我的問題，但這個地球應該跟很久很久以前我們的地球很像吧！那麼漂亮充滿生命力。」素桑嚮往地說，塞尼不語。

在地球繞了一圈之後，飛船突然加速準備離開，塞尼示意素桑回到座位上，素桑以為飛船會經過大氣層離開的，怎知道飛船直接變成光子穿越到停在某處的母艦。

哦！母艦就是剛才在死海途上見到的飛船，他們就是從船底的出入口進去的，剎那間他們直接被轉移到一個房間的門口。推門進去，房間已經密密麻麻擠滿了人，像在開大會，那麼多人的會議素桑還是第一次參與。這個會議室很大，天花板很高，素桑舉頭看到包圍他們的就是宇宙星空，好漂亮的房間，燈光不知道從什麼地方柔和地升起，中間有一張很大的圓桌，上面有個黑色的大洞，周圍有約十多二十層的椅子，倒像是滿座的圓形劇場。

看這陣勢彷彿有很重要的事情在發生。大家交頭接耳神色凝重，塞尼有事情要處理叫素桑先坐下，然後有位星人朋友往座位指一指，素桑感覺到自己被帶到第三行的中間位置。旁邊有個星人，頭上有一對很粗壯的山羊角，滿臉藍綠色的乾皺皮膚，眼珠呈啡藍色炯炯有神，身穿像粗麻的袍，拿著一根像木頭的手杖，手肥厚，皮膚一層層粗糙乾皺的疙瘩，還有長到捲曲的指甲……素桑不知他是哪個星球來的，也不知他是誰，只是對他微笑就坐下來。

圓桌中素桑倒認得好幾個人，一個是母艦的船長葛菲特特，一個是上次在 Mu 見過的銀河聯盟主席沙格爾拉，還有多瑪學院的費勒長老。他們都不約而同地向素桑點了點頭。

整個房間的燈光開始變暗，桌中的黑色洞口同時發出很多個影像。有些是正在孕育的星球，有些是不同星球的模樣，有些有動物，有些科技十分發達，有些是一片乾枯，有些只是一片汪洋，有些是熊熊烈火。有很多都有人形生物存在，但他們也有不同時期的人種和樣貌衣著，有些像人有些則是不同動物的類人形狀。有些在發動戰爭，有些面目猙獰，有些在療癒，有些金光閃耀能量極高，也看到一個像是剛才那個不知道什麼維度的地球倩影。突然間素桑明白到她所看到的都是地球，是不同維度、時間線上的地球。這些影像不停在更換，究竟有多少個地球？果然如佛陀所說：「我所分身，遍滿百千萬億恆河沙世界，每一世界化百千萬億身，每一身度百千萬億人……」

「相信大家已經知道在螢幕所見的都是地球，也是我們今天要討論的主題。在眾多的地球裡，有一個地球正在處於臨界點，而這個地球所經歷的幾乎是所有地球的總和。這個地球裡已經有為數不少的人發展到明白自己和源頭的關係，這些人經過長時間地思維輪迴，開始找到回歸源頭的方法。這個地球之所以如此的特別，是因為有很多大老師、光行者在這裡傳授知識，放下亮光，讓這個地球的眾生可以找到虛妄外相下的源頭。你可以叫他做神、聖靈、宇宙的能力、佛性、自性……這些眾生正在慢慢揭開虛妄外相，開始嘗試跟源頭/自性/聖靈接觸的滋味。但他們仍然受到黑白、正邪、善惡的影響，這是三維世界的衍生物，要完全擺脫必須要完全認清幻相，要知道這些外相並不重要，也不能影響眞正的你，但這是有過程的（其實當中並沒有過程只有當下）。如果所有人都願意即時放下，這個三維幻相就可以完全消除，這個幻相的存在，就是一大部分人願意也能有頃刻的改變。

「如果依照現在的地球走勢，它的滅亡指日可待，戰亂、天災、瘟疫、細菌戰、各國政府無窮的野心，地球人被監視操縱，喪失自由生命，一百年後的人口會不到現在的十分之一，到那個時候本來孤芳自賞的地球人還會覺得需要這個幻相嗎？當然滅亡後又再重生，重重複複，大家還是卡在這個幻相裡。無邊地獄就是生活中的幻相，難道再水淹大地、隕石擊落、各國政府自我膨脹自招毀滅又要再重演？

「現在地球有好幾派力量：

「1.放下一切幻相，無我無幻相。

「2.明白有幻相，但在幻相內盡量幫助別人和地球過渡。

「3.沒有界定幻相，但認為自己跟宇宙合一。

「4.知道有幻相，但還在依附，因為沒有找到方法或因緣。

「5.只有眼前的生活，不知道有幻相亦不知道有方法出離。

「6.變本加厲，沉迷幻相，甚至不惜犧牲別人來達到自己的目的。

「當然我們可以預測地球的走向，但只要人類對幻相和身處境況的瞭解提高，或許會幫助他們抉擇。大家看看螢幕，看三百年後不同的地球。」銀河聯盟的主席沙格爾拉一邊給大家展示一邊說。

3

三百年後的地球

……地球的推演確實如帕德洛的暗黑理論所言，不管是天災、金融管理、政治體系、醫療系統，到現在人類所出現的危機，站在瘋癲邊緣中生活……他在三十年前都一一說過。

大家看著黑色大洞所發放出來的影像，對三百年後的地球十分感興趣，尤其是素桑，目不轉睛地看著影像，戰亂、超高科技、原始森林、茫茫大海，有十分繁華的地球、荒蕪的地球、充滿機械人的地球。有些人類的數目好像減少了很多，但同時生活被監控，很不自由，也有些半人半機器（人腦機器身體），有一些人類進化了變成一些跟現在不太相同的生物，他們的皮膚會改變，能抵受熱火，有些人能看穿鐵板，甚至有千里眼，有些人可以改變人的思想……素桑心想：「為什麼跟電影橋段那麼像？那不是什麼X光透視眼、讀心博士嗎？究竟哪一個跟現時所居住的地球有關？」

「大家很想找出今天的地球會變成怎樣，對嗎？但任何一個影像都有可能成為三百年後的地球，這完全取決於地球人如何決定自己的生命。一、他們若放棄了自己自由生命的權利，沒有看清幻相，就必然會停留在幻相之內。二、因為沒有看清，自然會被幻相操縱，從而被幻相裡的當權者或不同力量所控制，因為他們會認為自己的生命很渺小，沒有能力反抗。三、地球人把自己的決策權雙手奉上，其他黑暗力量自然會為所欲為，這一切只是源於無知。如果看清生命本源，大家自然不會被捆綁，一切也就完結，而這個地球並不存在於影像內，因為它不再存在。你們可知道當下的地球是怎樣的？」主席沙格爾拉問大家。

素桑以為他問的是地球現在的狀況，但主席沙格爾拉繼續說：「以下的影像是在地球夏至與日環食、土木相合和六星連珠時所收集的光明與黑暗的能量訊息，當地球和太陽系內不同掌權力量互相更替，負性能量轉變之初則有混亂局面，但情況會逐漸減退，最後光明的能量得以穿透抗衡！這是地球很多年來沒有出現過的影像。光明與黑暗力量在過去一百年來第一次能夠平衡，代表雙方的能力相均，不再像以往黑暗力量強勢至沒有光明能量能與之抗衡。」

當主席一直在說的時候，素桑想起今年地球的天象，像是個別的天象，但要把軌跡完全放在一起才可以看出全圖，就像六月份夏至和日環食的情景。當時有一股力量要大家因為日食的缺口讓光球、光波、光網和光代碼發放，用以平衡地球的暗黑力量。當時素桑看到自己就像一個有金翼的光戰士在戰鬥，地球還有很多形形色色的光戰士列陣，天上地下無處不在。然後素桑召喚所有能量救援隊前來幫忙，頓時身體感到一陣振奮的暖流，很多很多的光能量聚集，很多的光波、光代碼打進人們的心內，讓他們能覺醒找回自己的路。光明與黑暗的戰鬥在三維世界的人心裡似乎從天地初開就有，黑暗不能消滅只能讓它們轉化成光，只要越來越多的人心轉變成光，黑暗的力量就會被消滅、轉化。這樣人心便不會再被蒙蔽，可以看清實相。當去年土木相合，這四百年難得一見的天象出現時，就像一個聚焦點把分散的能量瞄準直射，所以當主席在螢幕展示的時候，素桑確實可以感受到這些光和黑暗能量的陣勢、隊形和攻擊，也看到黑暗力量因為土木相合、嶄新時代的來臨而被減弱，素桑可以感受到這些所發生的，跟三維世界生命的眞實度一模一樣。

素桑看完之後明白了為何世世代代一直有這些光明與黑暗的較量，這是人類的思維在三維世界衍生出來的，也明白沒有眞正的預言，因為一切都可以發生，不同的時空維度相交，不同的決定就會有不同的結果。似乎只要我們還在三維世界的意識形態裡，光與黑之戰就必定會發生。突然素桑被一種聲音強行帶回沙漠，她聽到有人不斷叫她，睜開眼睛的時候，瑪雅在她身旁，一直搖醒她說：「醒來，醒來！不要睡！」

「我沒睡！」素桑說著還揉了揉眼睛。

「我們已經把所有撿起的石頭搬回車上，只要等你醒來就可以出發去紮營！」也藍知道素桑可能不知道又雲遊去了什麼地方，見怪不怪地說。

素桑回過神來喝了口水就慢慢走回車上，邊走還是在想剛才所見的影像。亞倫和亞密早就在車上坐著，一等到素桑上車就往沙漠更深處前進，尋找今天晚上要紮營的地方。

太陽漸漸下山，他們的車一直在沙漠裡前行，希望能在天黑之前找到地方紮營，其間亞密的電話響起，他好像在告訴朋友他們正朝沙漠裡去，還叫朋友過來找他。大家心裡想道：「其實沙漠的路都差不多，沒有記號，也沒有路牌，他的朋友又怎麼能找到呢？」這時亞倫把車停下來正在研究該怎麼走，只見亞密看著地下的輪胎就開始指導亞倫該如何行走，亞密可以從輪胎印記推斷出是哪個牌子的車，何時駛過，要往何處？動物的足印就更簡單，是何種動物，身上有沒有受傷，何時經過！當然尋找水源、哪裡有樹蔭等這些他們平常覺得一點都不重要的事情，來到沙漠就足以救命。

天色開始變暗，車終於停下來。這裡旁邊有個小山丘，每個人十分高興可以下車伸展，然後把需要的食物、鍋子、水壺、椅子、墊子全鋪在地上。瑪雅跟著亞密去找乾枯的樹枝來生火，然後煮茶的煮茶，切沙拉的切沙拉，亞密還會做炭火麵包。他把麵糰搓好，然後直接放在火堆下面的泥沙完整封好，烤大概一個小時，然後拿出來拍掉上面的泥沙，加上橄欖油和牛膝草便十分美味。大家折騰了半天後都躺下來看著天上的明星。今天應該是初月，月亮很晚才出來，但天上的星星卻清楚異常，沙漠周邊沒有光害，星星的分佈、形狀都看得很清楚。

「我常常夜裡在家的院子看星，有一些已經變成朋友，然後發現有些星是有顏色的，同時顏色會改變，有時會像爆炸，燃燒後瞬間消失，但第二天又會出現。我看過一些會突然走動得很快的星星，最初以為是飛機，但運行的速度太快，應該不是，那是否是其他不明飛行物體則有待證明，因為它們有時候移動得太突然太快，難以拍攝。」也藍看著星空說。

「你們看，你們看，就是那忽藍忽紅的星星。」也藍高興地指著天空說。

「那是天狼星，是天空中最亮的星星，距離我們有八點六光年，比太陽大六倍。由於光線穿過大氣層時會出現閃爍的情形，看起來就像變色。隨著大氣中元素的改變，會讓光波的波長改變，那麼星星的顏色就會改變。還有科學家在研究光和光波的時候，發現可以根據波長的改變來瞭解恆星溫度的變化。」瑪雅滔滔不絕地說。

「你是說不同的顏色除了因為波長的改變，也是因為那個恆星的溫度而顯現出不同顏色？那麼我們有時候看到的紅色、藍色、黃色、綠色的星星代表它們是什麼溫度？」也藍對這個題目十分感興趣。

「有一種稱為黑體輻射（blackbody radiation）的物理研究，發現恆星溫度較低，會散發出紅色光譜，這些紅色星體的溫度約為攝氏三千度，太陽約為攝氏六千度，會呈橙色或黃色，呈綠色的星星溫度約為攝氏一萬度，而藍色的星星溫度是最高的，可達攝氏兩萬五千度。從冷到熱，顏色的顯示為紅色、橙色、黃色、綠色和藍色，就像彩虹一樣。更有趣的是星星幾乎有著所有彩虹的顏色，你說漂不漂亮？」瑪雅看著星星如數家珍。

「哦！沒想到你對星星瞭解甚多！」也藍不禁給她一個讚。

「她不止是對星星，什麼天文學、心理學、精神學，什麼都看而且看得極快！」素桑也在附和著。

「剛才你提到天狼星，這就不能不提獵戶座腰帶和金字塔的聯繫，從獵戶座腰帶一條直線向下畫就是夜空中最明亮的星星——天狼星，在古埃及的傳說中，神是從天狼星代表奧西里斯（Osiris）和伊西斯（Isis）。古埃及人相信神是天狼星和獵戶座腰帶的後裔，祂們從那裡而來。吉薩三個金字塔——古夫金字塔（Great Pyramid of Cheops）、卡夫拉金字塔（Pyramid of Khafre）、孟卡拉金字塔（Pyramid of Menkaure）的排列，整整對照獵戶座腰帶的參宿一（Alnitak）、參宿二（Alnilam）、參宿三（Mintaka），而旁邊的尼羅河則對照著天上的銀河，當我在路克索（Luxor）的卡納克神廟（Karnak Temple）的上空看到銀河，正正就是出現在兩旁的高柱中間，彷彿廟堂的建築是為了更精準地觀看到銀河，漆黑夜空中的一條星帶讓人不能忘懷。還有墨西哥的特奧蒂瓦坎（Teotihuacan）的克察爾科亞特爾金字塔（Pyramid of Quetzalcoatl）、太陽金字塔和月亮金字塔，在中國的西安金字塔群也是跟獵戶座腰帶的排列方式十分相近。

「中國的金字塔一直沒有走進國際視野，直到一九一二年一位從事旅行社的美國商人 Schroder 在陝西發現了一個巨型的千尺金字塔，並且在旁邊還有幾個小的，現在如果你在 Google 地球一看，可以找到這些金字塔的坐標。在二〇〇〇年，中國官員宣布在西安北面有四百個金字塔，它們的形狀更像中美洲的平頂金字塔，跟埃及的有所不同，同時這些在中國的金字塔很多已經被樹木、草叢或泥土掩蓋著，用肉眼可以一眼看出來的不多。同時在中國的金字塔也沒有進行開放考古，一則很多是古代的皇親貴族，希望能在那裡安靜長眠，另一個原因是，中國認為現在的技術還未能達到真正能保護那些開採出來的文物，同時亦不希望引來太多的外國考古團和遊客在中國進行發掘或參觀，因為這樣都有可能導致文物損壞。考古學家認為這些中國金字塔可能有八千年歷史，比埃及金字塔還要古老。這個決定其實也不難理解，要知道當年的埃及金字塔因為被多國進行研究，很多寶藏和十分有價值的文物被掠奪和損毀。就以秦皇陵和兵馬俑為例，自一九七四年發現以來，到現在都沒有完全把所有兵馬俑挖掘出來，因為考古學家發現剛出土的兵馬俑顏色艷麗，但遇到空氣後顏色就會因氧化而剝落，已經剝落就不能恢復原本的顏色，現在發掘出的兵馬俑有八千多個，後來就暫停了，另一層的兵馬俑因為技術還沒有達到可以保護文物的水準，所以就沒有開挖。另外，當年兵馬俑被盜的情況也是十分猖狂，所以為了更好的保護它們，還是不要出土的好。」素桑說。

「你以前有看過兵馬俑嗎？」也藍問。

「有的，雖然那個時候他們已經暫停了挖掘，有一大部分的兵馬俑還是用大膠布給蓋住，但參觀者還是可以看到那個規模，而且每個兵馬俑的表情都是不一樣的，還記得進去的時候感覺一種陰寒，可能他們盡量把溫度降低來保護這些兵馬俑，看到那一排一排的感覺還是很震撼的。」素桑回答。

「除了你剛才說的那幾個地方，還有沒有什麼地方也是對應星宿的呢？」也藍問。

「讓我想想，瓜地馬拉的提卡爾馬雅（Tikal Maya）金字塔群，它們對應的是昴宿星團（Pleiades），亦稱七姐妹星團，它們的排列方式也是一致的。這許許多多的建築排列和天上星宿的對應，不難讓人想到古人是如何做到的，那些方位與角度，看完後或多或少會讓人思考？」素桑想了一想後回答。

除了亞倫和亞密兩個人坐在椅子上聊天，素桑、瑪雅和也藍都躺在墊子上看夜空，有時突如其來一顆流星大家就高興大喊：「有流星、有流星，大家有看到嗎？這個很亮，尾巴很長！那邊也有！」瑪雅興奮喊著。一時間大家都目不轉睛地尋找流星。

素桑看著夜空還在想今天下午的事情，她還沒有搞清楚發生什麼事？現時的地球、三百年後的地球、不同維度的地球……然後朦朦朧朧地就睡著了，夢裡回到了母艦，大家還是坐在那個房間，主席沙格爾拉用手把一個畫面停格，他把畫面拿了出來然後把它三維化，現在這個畫面的地球變成實體的地球，主席把地球放大，然後問大家有什麼可以改善，他說：「如果這個地球可以隨意讓你們改造，你們會怎麼做？」

大家七嘴八舌地想著應該從哪裡著手，如何改變氣候異常？如何防止隕石撞擊？如何提高科技？如何清理垃圾？如何減低核子發電的風險和爆發？如何消滅疫症？如何激活更多的休眠DNA？如何減低政府對人民的控制？如何能有清潔的水、足夠的食物？如何讓政府對市民抱有更開放的態度？如何讓地球居民擁有自由生命？如何阻止隱形政府製造各種假象矇騙並操控地球居民？如何讓各國政府承認星族人多年來造訪地球的事實？……

素桑聽著聽著，發覺他們所提出的大部分是三維世界地球的實況，但對於眞正可以逃出這個幻相卻隻字不提，她有點不太明白，所以鼓起勇氣舉手發問：

「主席，大家好，我有一個小小的問題不知可否發問？」素桑說。

「可以，你可以問！」主席回答。

「你們所提出的解決方法都只是在這個幻相中的解決方法，有沒有一些可以離開這個幻相的方法？」素桑簡單俐落地問。

「這是很好的問題，這個問題的答案可以分成幾個部分，或許費勒長老可以幫忙解釋。」主席面朝長老說。

「第一，你口中的幻相是你們需要經歷的一種衍生法門，每個人有自己的時間和方法，別人無法干預，只可以指出方法，路還是要自己走。

「第二，其實很多星族人也是活在這個幻相之內，情況跟你們差不多，只是他們不需要應對地球現時的處境，所以他們的方法也許並不能跳出幻相。但有些星族他們所在的地方並不如地球三維世界般的幻相，因為不是所有星球都在這個維度內，從你們的眼中所有一切都是幻相，但這並不適用於所有宇宙，只適用於你們的心識狀態。

「第三，現在地球需要解決的所有問題，都會對地球居民明白幻相、越過幻相有相關作用的，畢竟這些都是那麼多地球居民自己的心識演化出來的，這是你們大眾意識創造的世界。於表面幫助地球的情況也同時在幫助地球居民爭取時間，他們若在不明所以然的情況下死亡，那麼他們還是會回來這個幻相的，因為這是他們心識最後相信的連結。所以最少要在死亡前給他們埋下脫離幻相的種子，以後才有機會。現在有很多地球人的種子已經發芽生長、成熟，所以你看你們已經有很多人有機會面對當下，看清幻相。

「還有一點就是新一代的進化，你們應該多加留意和給予幫助，從他們身上你們會看到更多、瞭解更多。不知道我所提供的答案對你有沒有作用？」費勒長老慢慢地解釋。

素桑聽後想了想，雖然有一些之前有聽過，但最近幾個月確實發生了很多事情，讓她不得不重新審視一些想法。她面朝長老合十感謝！

素桑從夢中醒來，還是躺在半夜的沙漠裡，涼風颯颯。在沙漠裡睡覺沒有帳篷，大家只是躺在墊子上，以燦爛的星空為被。素桑不知道時間，但神識裡看到的還是剛才在母艦的畫面。費勒長老的面容其實很年輕，可能是三、四十歲的模樣，一點也不像是長老，輪廓很深，眼珠是透明的綠色，皮膚近乎透明，半邊臉上帶有金色斑點，眼神倒是十分慈祥，銀白頭髮束成辮子在腦後，身形不高但十分挺拔，走路時腳不踏地（有點像傳說中的武林高手），素桑回想剛才見到費勒長老時的感覺。其實長老在很多次的多瑪聚會上有出現過，只是素桑從來沒有把他描繪出來。

漫天星辰，深邃沉默，素桑深深地呼吸了一口黑夜清涼帶點乾燥的空氣，想著從剛開始接收到訊息要成立多瑪學院，他們就設立了一個慈善團體。到後來要組成能量救援隊，他們也得到一些熱烈的支持，於是一步一步地他們慢慢地集合了一些有興趣的朋友，特別是能量救援隊的成員，大家都希望可以幫助地球、幫助人類過渡，中間也包含了幫助每一位成員看清幻相。這些隊員各有所長，有共同的目標，有時因為流落在這個星球太久，讓很多事情蒙蔽了心眼，讓外在的力量佔據而忘記了自己才是這一切的創造者。要回歸就只能放下對外相和對「我」的執念（其實幫助別人、幫助地球也是執念的一種，如果不是他們也不會聚頭），但如何在沒有執念下完成就要看各人造化！但很多時候大家還是很沉迷這個遊戲，沉迷於各種法門看哪些能量比較強，什麼能增強自己的能力，如何可以升級，如何清理孽障，坊間亦有很多人以此為招徠，販售很多林林總總的物件幫助人提升、加強能力、除障……素桑很清楚這些都只是會讓人沉迷和羈絆著人的玩意，但要他們清醒，何時清醒，她只可以提供一些指引，或讓他們明白這些只是遊戲，看清楚眞實的你才是最重要的。

光明與黑暗之戰可能自人類有自我意識就已經出現，細想大部分人的好、壞、正、邪準則來自於傳統觀念和電影文化的渲染，好壞還可以比較容易分辨，正邪難辨，光明與黑暗已經不在自我思維的控制下。

如果人心中沒有分別心，那就再沒有黑暗和光明之分？是否人的意識裡沒有黑暗力量它們便會不存在？因為它們存在於「我」內。

素桑想起很多年前遇過的一個巴西朋友帕德洛，他對暗黑力量的感覺特別強，每一件事情都可以理解成和暗黑力量幕後黑手有關，當時的素桑在思維上沒有想過暗黑力量，所以她從來沒有遇見過、也沒有被困擾，但地球的推演確實如帕德洛的暗黑理論所言，不管是天災、金融管理、政治體系、醫療系統，到現在人類所出現的危機，站在瘋癲邊緣中生活……他在三十年前都一一說過。究竟這個暗黑力量是大眾思維？還是共孽？還是背後有一個更大的力量在支配著？現在有些靈性圈子認為只有光明沒有黑暗，是沒有看清楚情況還是自欺欺人？還是這個所謂光明和黑暗的能量本身是相同的，只是因應三維世界的人類思維準則而冠上不同名稱？終於還是回到了名、相的問題……但已經演變成負性力量所衍生的問題，是否只憑一個正念可以改變？或許又要重新經歷成住壞空這個法則？她想當下的轉念能讓當下發生的人少之又少，但它終究會實現的。

素桑想了一會，看著漫天星光又像被催眠似地昏睡過去，再醒來的時候已經快日出，她看到也藍已經醒來，還叫她起來一起走往小山丘上看日出。她們本來不想喚醒其他人，但瑪雅聽到她們的聲音，還是醒來並跟她們一起爬上山丘看日出。

山丘之上是另一個世界，和晚上完全不同。一望無際的沙丘，還有零星的矮樹叢，對面應該是約旦，後面是排列得整整齊齊的粉紅沙山。天空慢慢地由魚肚白轉成青藍，再添上一抹橘紅的彩霞，天越來越光，一輪金光從山後升起，周遭的雲彩也跟著變色。她們呼吸著、看著、感受著，大家一點聲音也沒有，整個世界都很靜，大家只是在享受著生命的這一刻，偶然會有些鳥兒的叫聲劃破長空然後飛遠。不久亞倫和亞密帶來了一壺草茶和咖啡，大家拿著暖暖的杯子，目不轉睛地看著太陽一口一口地喝著。

4

沙漠中的天外來客

這一帶好像有個以色列軍方的基地，不知道有沒有什麼祕密武器，但素桑並不太認識，或許這裡也有雷線的能量點，所以他們會來這裡。最後一個影像，素桑見到有一個人從飛行器下來，沒有跟另外一個人回去，他好像留在沙漠，然後就沒有影像了。

「大家吃完早餐就可以出發去找駱駝？」亞密朝著西面一望無際的沙漠說。

「駱駝在哪裡？」瑪雅問。

「大概在那個方向！」亞密用手向前指一指。

「我們要怎麼找？」瑪雅很有興趣知道。

「在沙漠裡就可以找到的，牠們有足跡可尋。」亞密解釋。

「你不用擔心，亞密常常在沙漠走個三、五天尋找那些迷失的駱駝。」亞倫接著說並向瑪雅做了個鬼臉。

「三、五天！我可沒有打算留那麼久……」瑪雅輕輕叫了一聲。

「他有時候要十天、八天才找得到！」亞倫看瑪雅帶點著急的樣子還多說了一句。

「沒關係，要找多久就多久，總會找到的。」也藍瞪了亞倫一眼說。

「我們先去找駱駝，如果還有時間，或許能去找鯊魚牙。」亞密補充一句。

大家吃了一個簡單的早餐然後出發。在沙漠一定要早點上路，因為從十一點開始到下午四點天氣酷熱需要休息。

車往沙漠深處前進，在沙漠只行走十分鐘後便已渺無人煙，沙漠的時間觀往往跟大家慣常的時間觀不同。它的時間標誌點是日出和日落，是飛鳥飛過和銀月當空的刻記，在這裡，大家好像回到幾千甚至幾萬年前的歲月。亞密有時會停下來研究沙上的足印，看看是否是他的駱駝，有時候經過一些不平的砂石區，車子顛簸不堪。走了幾個小時，亞密帶他們走到一個水源，水源不大但有流水從地上湧出來，周圍因而有矮樹木生長。在沙漠，樹木的特點是葉子比較小，這樣它們就不需要吸取太多水分。這裡的沙漠一年降不了兩次雨，即使有雨也是很微量的。倒是如果從約旦上游降下大雨，泥沙吸收不及會結成硬塊，就會形成猛烈的河流，這情況最為凶險，這些大水能沖走汽車，有人也曾被困淹死，所以要特別小心。亞密說：「動物都會來這裡喝水，我有看到駱駝足印但不是今天的，可以在這裡休息一下，看牠們會不會回來。」

大家從車上走出來，外面的天氣跟車上的冷氣相差最少十幾度，剛從車上出來就覺得很熱，亞密在山邊的樹蔭下找到一個位置，「你們都下來，這邊有樹和山擋住太陽，我們舒展筋骨休息一下。現在還有車，找到駱駝後就會轉騎駱駝，到時候在如此烈日下就要搭起帳篷在樹蔭休息，不然很容易中暑的。」亞密跟大家說。

「你有看到駱駝的蹤影嗎？」也藍問。

「有的，如果牠們不回來我們繼續往西走，應該今天可以找到牠們。」亞密回答。

「亞密聽說你有很多在沙漠的有趣故事，可否說來讓我們聽聽。」一個上午沒說話的素桑突然間說。

亞密沒有回答但卻瞇起了眼睛在想，他的身體十分瘦小，一五三公分的身高，體重可能不到四十公斤。撲面而來的風又乾又熱就像打開烤箱的門，但這些天氣好像對他一點影響也沒有。他滿臉乾枯皺紋，頭髮很短已呈花白，可是他應該只有四十來歲，粗糙的手指像一節節的樹根，皮膚已經因過度照曬而呈深棕色。只見他中午時分已經拿著兩罐亞倫放在小型冰箱的冰凍啤酒在享受著。

「等一會我們會經過一個山頭，大約在十年前我在那裡發現過一些不屬於當時人類科技的痕跡。那日我如常地放羊、放駱駝，走到那個山頭的時候，我在地上發現了一些很深的印痕，這些印痕並不屬於任何汽車、摩托車或動物。我發現的時候痕跡是新的，它們入地很深，證明這個東西是很重的，同時它們是突然出現的，那個山頭並沒有其他方法爬上去，只能從我上山的小路或是從天空降落，可是上山的小路並沒有任何相同的痕跡。根據印痕那並不是直升機也不是飛機，因為山頂的平面根本不夠大降落。我可以看出那些印痕降落後走到山邊，而且還往下走，它們移動了旁邊的石頭讓它插入山中，讓這個機器可以站在山中。」亞密說的時候喝著啤酒，不時看一下他們，看看他們的反應。

「那你知道是什麼嗎？」素桑很有興趣地問。

「不知道，一直想不通，只知道這個機器很重，可飛，可向前向後移動，想不出是什麼機器，也想不出為何會在這裡出現？」亞密一臉茫然。

「依你所描述的像極那種太空人用的獨立飛行器，人站在上面可以控制要飛的方向，他們是直立式的所以不用跑道，或許這個飛行器或那些生物很重導致印痕很深……」瑪雅不加思索就說了出來。

「或許吧！反正這十年我嘗試過用各種方式去解析卻沒有找到答案。你說的像在電影出現過，但眞的在十年前會有嗎？」亞密反問。

大家面面相覷不知道怎麼回答！

「等一會你們去那個山頭的時候慢慢研究再告訴我。」亞密說完就叫他們上車。

中午時分的沙漠就算坐在有冷氣的汽車中還是覺得有點熱，悶在車裡讓人昏昏欲睡。路上有時候會看到不同的小動物，例如山羊、野馬和駱駝。剛開始大家也會覺得有趣，瑪雅還會停下來照相，但一天之後大家已經習慣了眼前的影像，沒有心思再流連。眼前的景象開始變得有點千篇一律，大多是沙礫碎石的山丘。再走了大概半小時，亞密指示亞倫停在一旁，叫他們帶帽子和太陽眼鏡一起往山上走。車門打開，一股熱氣攻上來，大家禁不住掩面乾咳了幾聲，鼻孔呼吸著乾熱的空氣，覺得有點癢。亞密帶大家走上前面的山坡，山坡沒有很高有點陡斜，「上面就是我剛才跟你們說的那個山丘！」亞密說。

大家聽後精神為之一振，顧不得火熱的太陽全部乖乖地以飛快的腳步爬到山頂。亞密指著地下告訴他們那些經年久遠，已經淡化的痕跡。雖然還是可以看到一點點，但要有豐富的想像力才能把故事編織出來，然而有一點可以肯定的是，這些痕跡在十年前應該是非常顯眼深刻的。他告訴大家，這個「機器」停的位置，往那個方向走動，如何移動石頭把它們平衡地放在山的中間，大家也確實看到這兩塊像是經過人工擺放的石頭在陡斜的山中間並排而立。然後亞密為大家指出這些印痕往山的另一面走，然後消失。這也是他想了十年的疑惑，因為根據這些印痕，這個「機器」是無端出現然後消失的，地上的印痕就是最好的證明。所以那個東西從上而來，著地後前後查看，然後直線垂直離開。

素桑十分留心地聽亞密的解析，也隨著他的形容來想像當時的情形，但沒有什麼特別的感覺，她問瑪雅：「你可有看到什麼顏色嗎？」

「沒有，這些都是死物，沒有顏色。」瑪雅回答道。

這時亞倫指著約旦的方向說：「你們看那邊正在刮小龍捲風沙，可能會捲過來的，我們還是盡快離開。」

素桑抬頭一看，果然看見一條小龍捲的風沙正在那個方向形成，而約旦的天空明顯是烏雲密布的，連帶剛才在他們頭上熾熱的太陽好像也減退了不少，且帶點微風。

大家匆匆忙忙地趕回車上，剛才上來不費氣力的山，下山的時候因為稀鬆的沙石要格外小心才不致滑倒。

「我們會遇上風沙嗎？」也藍看著亞密問。

「應該不會很嚴重，可能就是颳一點風，沒什麼問題的。」亞密回答。

「我看傍晚時分會找到駱駝，到時就會放你們下車在沙漠生活幾天，你們覺得如何？」亞密說。

「其實我們只是想來一天，但今天已是第二天了，這樣吧！我們邊走邊看再決定！」素桑說。

「瑪雅，你覺得如何？」素桑問。

瑪雅不置可否地聳聳肩，沒有回答。

從剛才的看點回來後，素桑一直有一種很奇怪的感覺，像是同時看到另一個摺疊的影像。不知是否因為亞密的影響，也看到了一些飛行器降落的畫面。畫面中有兩部白色的飛行器，它們可以結合也可以分開，結合的時候有點像機械人，就像一個人坐在另一個人的肩膀上一樣。平面可以飛行，頭部和胃部就是駕駛室，裡面有人形物體在操控，它們不斷在天空中繞圈飛行像在尋找什麼？後來就降落在這個山頭。

這讓素桑想起文森（詳見《我們都是星族人 0》）他們來檢測土地和水收集樣本，檢查土地能量線……這一帶好像有個以色列軍方的基地，不知道有沒有什麼祕密武器，但素桑並不太認識，或許這裡也有雷線的能量點，所以他們會來這裡。最後一個影像，素桑見到有一個人從飛行器下來，沒有跟另外一個人回去，他好像留在沙漠，然後就沒有影像了。他是什麼？去了哪裡？素桑都不知道也沒有辦法可以查問。

車開得很慢，亞密小心翼翼地尋找駱駝的足印，地上幾乎沒有其他的輪胎痕，證明他們已經深入沙漠。

「我們從這裡轉左，你有看到地上的駱駝足印嗎？旁邊還有一個像人的腳印，他好像也跟著駱駝，希望不是駱駝小偷！」亞密跟旁邊的亞倫說。

「沙漠有小偷？」也藍帶點驚訝地說。

「當然有，他們偷車、偷駱駝，有些已經是集團式經營，偷了車把它們拆散藏在沙漠，再分別把零件出售，偷駱駝也是有的，尤其是放在沙漠無人看管的駱駝。」亞倫侃侃而談。

「我看快找到了，這些足印是今天早上的，我看多走兩個山頭就會看到那幾隻駱駝，只是有一個人可能也在跟蹤牠們。這個人騎著另外一隻駱駝，那隻駱駝明顯負重比較多，蹄印更深。」亞密說。

大家都留心看著前方希望可以看到這小群駱駝，在這些沙漠山丘裡行走有時候是很困難的，型號比較大的車去到一些崎嶇蜿蜒的地方就要很小心，才不會刺破輪胎或被卡在山邊。

「聽說你還有很多故事，可否再說給我們聽聽，反正還不知道要走多久。」也藍跟亞密比較熟，也常常從亞倫口中得知亞密的沙漠祕聞，所以特別問他。

車還是如螞蟻般爬行，大家在冷氣的四驅車內還是有點悶熱。亞密聽後喝了兩口啤酒說：「前一陣子有人見到有些不知名的東西從天而降，地點是在沙漠接近約旦的邊境。有人說是隕石，但以色列軍方三緘其口，只是把那一區完全封鎖，除非有特別通行證其他人一律不准進去。如果是巨大隕石，墜地的時候必會出現轟然巨響，火光四濺，在附近居住的居民一定會聽到些什麼，但之後沒有發現居民有什麼報導，這個消息也是半隱密地在流傳，反正誰也沒有見過是什麼。」

「這個地方現在能去嗎？」素桑很有興趣地問。

「沒有正確地點，聽聞還是封鎖的。在這個沙漠裡軍方要封鎖消息，保證蒼蠅也不會飛過。」亞倫帶笑地說。

亞密沉默了半晌，好像在想什麼，然後說：「軍方前兩個星期找過我，但不能對別人說，要絕對保守祕密。」

大家一聽身體都振奮起來，「那你去了哪裡？要你做什麼？」也藍第一個問。

「不能說的東西不能說，我只能告訴你們能說的，好嗎？」亞密很正經地說。

「好！明白。」大家異口同聲地說。

「軍方叫我進沙漠兩天替他們查一些東西。但一點痕跡都找不到，完全沒有！」亞倫嗓子很輕地說好像擔心有天眼、天耳會偷聽到。他這麼謹慎是情有可原的，以色列的高科技軍事設施確實是現今最發達、最前衛的國家，鎮守邊境的以色列士兵往往可以用天眼看到鄰國指定目標所在的環境，跟誰在一起，甚至餐桌上的食物都一覽無遺。

「什麼痕跡？軍隊要你找一些痕跡？什麼痕跡？」也藍提高了嗓子帶點興奮地說。

「不能說，這個不能說！」亞密甚是謹慎。

「亞密可能跟軍隊簽了保密協議，所以你們怎麼問他也不會說的。」亞倫在一旁解釋。

「我們不是要強迫他，只是好奇問問！」也藍說。

「他不能說但我們可以猜：一，亞密的家族以在沙漠偵察聞名，所以軍隊找他也一定是這個原因。二，他說沒有痕跡，那就是有一些東西在沙漠可能不見了或走失了，或曾經存放的地方會留下痕跡。三，讓我大膽假設，如果這事情跟之前亞密提到有人看到有東西從天空墜下，軍隊封鎖了那部分的沙漠，代表這個東西從天空墜下掉到的地點軍方已然找到，但軍隊過了一些日子後要亞密出動尋找痕跡，這可能表示這個東西本在一個定位著地，但後來不見了。它可能有腳或輪胎，或有移動的痕跡，所以才要徵用亞密，但亞密並沒有找到。要知道在沙漠沒有事情能瞞得過亞密，亞密說沒有就代表這東西必然曾經出現卻消聲匿跡了。」素桑分析的時候像極了在抽絲剝繭的偵探。

大家聽後都在默默細想，可還是想不出端倪。

突然間亞密說：「你們看看！牠們在前面！」

大家應聲看過去，「在哪裡？什麼也沒看見？」也藍說。

「在前面！你們看到遠處紅沙山頭下的黑點……」瑪雅用手指了指，也藍和素桑看了幾遍也沒有看到。

車子再走了近十五分鐘，大家才在很遠很遠的大地中看到幾個黑點。

「噢！終於看到了，看來你們兩個都是有特異功能的，那麼遠都能看到。」也藍說。

「其實我並不是看到那些駱駝，我是看到那裡的顏色，是從駱駝散發出來的顏色而辨別的。至於亞密看到的是什麼我就不得而知了。」瑪雅解釋給也藍聽。

終於那堆黑點越來越大，漸漸看到一群大概八、九隻的駱駝，牠們好像是連在一起，在最前面那隻駱駝首領的身上坐著一個人，亞密看了叫亞倫：「趕快！不知是誰坐在駱駝上？」然後說了一句語氣在罵人的阿拉伯語。亞倫全速前進，牠們本來就沒有很遠，不需片刻就來到那些駱駝旁，亞密以飛快的速度下車走到駱駝隊伍前，他們都跟著下車看有沒有能幫忙的地方。現在才看到坐在上面的人披著一件土壤顏色的連帽衣衫，蓋了大部分的臉，身形瘦削。

亞密走到那人面前用阿拉伯文和希伯來文各說一次：「老兄，這是我的駱駝群，是我放牠們在這裡的。請你把牠們還給我！」

那個人並沒有什麼反應，可是看來沒有什麼惡意。

亞密又用阿拉伯語夾雜著土語跟那個人再說一遍，還是沒有反應，但那個人既不走也沒有從駱駝上下來。

亞密和亞倫四目相交，似乎在想要用什麼法子把駱駝拿回來。

突然間那個人用很奇怪的口音對著瑪雅說：「我等你很久了！」

這句話一出所有人都有點愕然，臉上充滿疑惑。

那個人並沒有理會其他人，他只是無惡意地直視瑪雅，而身上散發出來的感覺並不嚇人。

「你覺得這個人怎樣？」素桑把瑪雅拉到一旁小聲地問。

「他的顏色很特別，從未見過也形容不到，有很多層顏色也有透明的，但感覺是善意的。」瑪雅說。

「你們願意跟我來嗎？」那人說。

「你要到哪裡？」亞密問。

「前面的山洞！」那人回答。

「前面哪有山洞？」亞密不假思索地回答，這個沙漠他瞭如指掌。

「你們要跟我來嗎？」那人指著旁邊的駱駝說。

「好！」瑪雅說，然後她看著亞密指一指駱駝。亞密拉著韁繩然後口中發出一些咯咯聲，駱駝應聲慢慢坐下來，亞密在駱駝身上放了一塊小坐毯，瑪雅摸一摸駱駝的頭跟牠輕聲地說了兩句就爬到駱駝背上。亞密拉一拉韁繩駱駝就站起來，素桑和也藍也坐上了駱駝。

「你們騎駱駝的時候不要有什麼大動作，也不要大叫，牠們害怕時會把你摔下來，知道嗎？」亞密跟大家說。

亞倫找了個比較隱密的地方把車停放好，他心想還是把車留得近一點，有什麼事也可以盡快離開。亞密把駱駝分開成兩隊，那個人、瑪雅和素桑一隊，他和也藍一隊，然後大家在沙漠緩緩前行。亞密叫亞倫在前面的小丘等他，並檢查一下那裡有沒有其他人。

大家向西走，太陽一直在他們前面，還好已近黃昏，沙漠還是熱但沒有滾燙。幾個人一路無語，氣氛有點緊張，因為大家不知道這個人是誰，也不知道前面是否會有危險，卻覺得只要有亞密在還是很放心的。

「你要去哪裡？前面是層層的山丘，沒有山洞！」亞密對那個人說。

「快到了！」那個人還是用那種古怪的語調回答。

素桑挺喜歡坐在駱駝上悠遊地在沙漠裡前行，感覺有點像一幅古畫。她不太能感覺面前的這個人，只是覺得這個應該不是地球人，但這人似乎對瑪雅很有興趣，她隱約覺得這會是奇遇！

瑪雅似乎並不討厭這個人，不然她不會跟著一起前行的。

5

三眼女孩的獨白

……用心來看，打開他們封藏已久連接宇宙的心輪，讓他們回歸神聖，不會被三維世界的負面情緒影響。同時讓他們相互連結成為一個強大的整體，這樣會把地球的覺知提高，加快人類看清幻相的能力，只有這樣地球人才不會受到本土和外來力量的控制。

走了一會看到把車停在山丘旁好些時候的亞倫，「沒有看到山裡面有人，應該沒有埋伏！」亞倫悄悄和亞密說。

那人沒有理會，他們繼續前行，「這裡的溫度明顯比剛才涼快了很多，可能是快日落了吧！」素桑心裡想道。

他們走到一座大石山的面前，那人示意大家下駱駝然後往山上走。大家跟著，當大家爬到石山中間的時候，那人示意大家站在他後面，他在石頭上敲打，聲響像敲打樂器或是敲打金屬，完全不像石頭。當他敲到某一些音節的時候，大石好像軟化了，輕輕一推就推開了一條大縫，大家跟著那人進去。當素桑和瑪雅進去的時候摸著石頭，感覺石頭有點軟軟黏黏的，而且有點暖，但進去以後石頭就慢慢硬回來。裡面很黑但漸行漸亮，空氣也不悶，反而有些濕氣，可能是天然的地下水道。瑪雅似乎對這個地方很感興趣，亞密也很驚訝在這個沙漠裡竟然有這樣的石頭是他不知道的。越往內走空間越大，終於來到一個偌大的圓形空間，頂部也呈半圓狀，中間開了一個天窗，陽光照射進來，同時有水不斷流到中間的圓形水池。因為水和空氣的流動讓這裡的氣溫和濕度讓人感到很舒服，空間裡還放了很多奇形怪狀的大石頭椅子。

那人示意大家坐下，他自己坐在正面最大的一塊石頭椅子上，他慢慢把蓋在頭上的連衣帽脫下來，一時間大家都只是盯著這個人頭上的第三隻眼睛，他知道每個人的目光都在這三眼上倒也豁了出去。她原來是一位女子，輪廓深邃皮膚黝黑，頭髮鬈曲而長，束起一大捆在頭部還長到半腰，一雙紫藍瞳的眼睛，鼻子不高，鼻翼有些寬，嘴唇豐滿。第三隻眼睛瞳孔是金色的，內裡好像有很多層，層層轉動。素桑不能直視，因為她知道看著看著就會被催眠，這種感覺素桑並不是第一次遇見。還沒有機會告訴其他人，只見亞倫第一個倒下，亞密好像陷入一種半瘋狂狀態自言自語，有點像把心裡面潛藏的恐懼釋放。素桑顧不了那麼多，大聲告訴瑪雅和也藍：「不要直視這女子的第三隻眼睛，要抓緊自己，不要被迷惑。」

「你們不用擔心，我並不打算對你們做什麼，因為我等了你們很久了。我的名字用地球的語言是亞穆娜，是加斯加星球人。我是科學家，在兩百萬年前帶著我們星球的胚胎在地球生長，我們並不是以地球人的精子卵子受孕法，而是直接以地球天地的精華加上我們星球的胚胎孕育出來，有點像你們的神話小說。我們的生命很長，每到一段時期我們就會返回大地的心輪休息，到下一個歷程才再出現。大家叫這個程序為夏以畢亞，這不是地球說的輪迴，因為我們沒有死亡，只是回歸寂靜狀態。」三眼女孩自說自話。

「你為什麼要等我們？」素桑還是避免看她的眼睛。

「正確來說我要等的是她。」亞穆娜說的時候指著瑪雅。

「你為何找我？我對什麼宇宙能量、外星人、靈性修行……並沒有什麼興趣！」瑪雅疑惑地對她說。

「我知道你對這些並不感興趣，因為你跟其他還在尋找自己的地球人並不一樣。舉個例來說，素桑是經過尋道認識自己，才找到與內在溝通和使用能力，但你是不一樣的，你在出生時已擁有這一切知識，既不用尋找也不用學習，如果用電腦來做比喻，普通地球人的型號是3.0，素桑是5.0，而你的就是7.0！你無論在DNA、RNA、大腦進化以至能量轉移的速度與力量已經超越了他們。但是你們並不相信自己，因為世界上很多人對你們感到疑惑和嫉妒，讓你們不肯承認自己的能力，更多的是拒絕接受自己。你們會築起一道牆，不讓外面的人瞭解你，你們大多渴求友誼但往往有自閉傾向，對自己十分嚴苛，沒有自信。但你們能力龐大，高智商，現代地球人會把你們歸類為需要特別處理的小孩。有一些更嚴重的就會被標籤為有情緒問題或是抑鬱、自閉症、多動症、亞斯伯格症，但很多人不明白不是你們有問題，而是你們跟其他人是不同的，因為你們已經進化了，需要用不同的方式去教育和指導。」亞穆娜接著說。

素桑聽後深有同感，有點如釋重負自忖道：「終於有人明白我所面對的。」

「你說的就是在這二、三十年才陸續出現的新人類，他們被新時代人定名為靛藍小孩、水晶小孩、彩虹小孩、星際小孩對嗎？」素桑柔聲地說。

三眼女孩看著瑪雅但笑而不語。

「那你來找瑪雅的目的是什麼？」也藍問道。

「我不只是來找她，我是在找所有在地球上進化的小孩，特別是像瑪雅這個年紀的。因為他們已經成年，可以自主，也可以幫助照顧其他年紀較輕的小孩。同時這些小孩如果過了某一個年齡，在思維上完全接受三維世界的模式，要把他們再次教導就需要更多時間。我們是要在不同的地方集合並教導這些小孩去接受他們的能力和將在這世界所要發揮的作用。還有一點，是我們需要明白並經歷過這一切同時又能接受的父母。找小孩容易，但願意接受這個觀點的父母不多。」亞穆娜說。

「我十分明白，同時要照顧這些小孩也確實不易。」素桑嘆了一口氣道。

素桑心想：「這也是我這十幾年來不停觀照、推敲的問題，我既在尋找問題的所在也在找合適處理的方法。知道瑪雅有別於其他的小孩但又沒有辦法幫助她。這一切在她上次遇到秋丘經歷了一連串事件後才有些明顯的改變（詳見《我們都是星族人1》，第六章）。現在的瑪雅比較能接受自己，遇到能量襲擊的情況也稍有緩和，但她說她還是很累、不能正面看著人的眼睛和去人多繁雜的地方。

「有一次瑪雅說：『我從來沒有感覺過快樂！』雖然我不認同她的說法，因為我確實見過瑪雅十分快樂的樣子，也有跟她討論過，但她認為快樂和不快樂跟現實無關，不是做了什麼、得到什麼或缺乏什麼，她只是自然而然地認為自己並不快樂。

「『你只要選擇快樂就可以！』我跟瑪雅說。

「『從這一句就可以顯示你是完全不理解我的。在我的心裡沒有快樂與否、好壞與否！』瑪雅帶點抗議地說。」

素桑一直在回憶曾經發生的種種，對她來說做母親並不容易，以前的她除了想要得到證悟外，沒有想過要如何當母親。很多人說，人自然就懂得去成為母親，是不需要學習的，這句話素桑不大贊同，因為她覺得做一個好的母親是需要學的，而且還要很努力地學習，她覺得學了十八年她才剛剛摸出一點端倪。如果以一個尋道人的心態做母親就是眞修行，因為你只會對這個生命給予最好的善念，只會希望她生活得快快樂樂，會願意捨棄我執去完成這個生命的願望，全心全意地為這個生命付出，還有比這個更好的修行嗎？不過她在母親這個範疇上學得很慢，有點笨，總以為比小孩懂得多，其實他們才是老師，只要有小孩在，母親就會變成超人。

小時候的瑪雅十分開心、漂亮、機靈、活潑，畫畫和音樂的天賦在很小的時候已經展現出來，唸書成績也很好（而素桑一直引以爲傲的，就是從來沒有要求過瑪雅要得到什麼最好成績，只要沒有不及格便可）。所有長輩都喜歡她，她與生俱來就十分耀眼，但她不善與人溝通，從來都沒有很多朋友，過了很久她才說同學對她很差，甚至欺凌她，但她一直沒有說出來，以素桑和瑪雅父親的性格早就跟學校和家長理論。在她中學時期曾經要跟治療師學習與人溝通，這一切讓她變成一個沒有安全感、不接受自己和不愛自己的人（因爲她以爲別人對她的態度就是她自身問題的反映，她以爲錯都在她），但這些經歷不足以讓她由一個活潑少女變成一個憂鬱、有自殺傾向的人，究竟在哪裡出錯？

素桑想，是自己沒足夠時間陪她，好好地瞭解她，所以沒即時能幫上忙？是自己有什麼做得不夠好？突然間她的思緒被打斷。

「你們打算怎樣做？」也藍在問。

「帶他們回來讓他們看清楚自己是誰，也看清楚自己的能力。」亞穆娜說。

「如何看？」也藍繼續問。

「用心來看，打開他們封藏已久連接宇宙的心輪，讓他們回歸神聖，不會被三維世界的負面情緒影響。同時讓他們相互連結成為一個強大的整體，這樣會把地球的覺知提高，加快人類看清幻相的能力，只有這樣地球人才不會受到本土和外來力量的控制。」亞穆娜平靜的聲音回答，然後對瑪雅說：「你願意嗎？」

素桑和也藍都看著做了個「她說什麼」表情的瑪雅。

「她可能需要考慮一下，況且我們對你一無所知，我相信你沒有惡意，但其他的就不知道了。當然我很希望你真的能幫這些孩子。」素桑說。

「我明白你們的憂慮！但這是她的選擇，她必須要聽從自己內心的呼喚！」亞穆娜解釋說。

瑪雅坐在一旁，她心裡面想的並沒有那麼複雜，這個劇本其實寫得不錯，只是她不一定想成為其中一員，可是在太空那裡看到的影像勾起了她的好奇心，她沒有對號入座，也沒有承認太空飛船裡面的人是自己，但那種熟悉的感覺比起現在居住的以色列還要強烈，「那個人真的是我嗎？那我帶著這種感覺來到地球，是有原因的嗎？如果我真的曾經是別的星球的人，我為什麼會在地球？我不一定如亞穆娜所說有什麼特別之處，但我的確可以看到生物的顏色，聽到他們所想，接收他們的訊息與動物傳心和能知道水源在哪裡？……」還有那個困擾她多年，突如其來讓她感到心跳加速、害怕甚至暈眩的感覺，那種無論怎樣也走不出來的死局，雖然現在情況有減少，但還是纏繞著她，這一切一切是相連的還是獨立事件？能否跳出這個困局？死亡是否是唯一的出路？

瑪雅曾經有很想死亡的念頭，但因為父母的愛，所以就強忍著，只是她真的太累、太累。但如今看來要死亡的感覺已經沒有了，但要如常人所認為的快樂地活還有一段距離。

「孩子我知道你在想什麼？我知道你累了，因為你能感受太多生物的訊息，而你現在築起了一堵牆在抵抗這種力量，讓你的心不能再感受，因為你明白、聽到和看到別人所想所感。你把自己所有精力用在建築這堵牆上，所以你才會那麼累！我可以幫助你、教導你，讓你學習如何運用這能力，也同時可以保護你，當你跟你的心連接，那堵牆就會慢慢消失。你的天賦是可以幫助很多像你一樣的星族地球人的。他們有些也跟你一樣，感覺疲倦、無力、無人理解……」亞穆娜對瑪雅說。

素桑一直聽亞穆娜說的時候，以往發生的一幕一幕在眼前浮現，因為瑪雅告訴她的心理醫生，很想在十七歲生日那天死去。那距離她的生日大概有兩、三個星期，心理醫生如臨大敵般立即跟醫院聯絡，把她送進了醫院，醫生給她做檢查，然後要把她送到治療宿舍。當晚素桑和瑪雅的父親匆匆趕到醫院，著實消化不來也不知道該怎樣面對，因為從來沒有想過事情如此嚴重。第二天早上還記得那個主治醫生問她：「如何看待死亡？」「我們沒有死亡，死亡的只是身體！」素桑如實地告訴醫生。

「可是她現在不是太年輕嗎？」醫生說。

「但要發生的始終會發生，我們能阻止嗎？」她很真誠地說。

顯然醫生對這個答案並不滿意，但這確實是素桑的看法，或許醫生覺得她很冷血，終於他把素桑趕出了房間，然後要瑪雅立即去治療宿舍。

幾年後素桑曾經問過瑪雅，當天醫生為什麼把她趕出了房間，瑪雅說：「顯而易見他們覺得你這樣的回答並不是他們預期的，你應該表示一下震驚、害怕，請他們幫助而不是說我們沒有死亡，死亡的只是身體。哈哈！」

當時素桑確實沒有太大的恐懼，因為可能她堅信生命沒有死亡，但看著一個花樣年華的少女要尋死，不解多於恐懼，她知道只要內心很堅定，瑪雅是會沒事的。

瑪雅生日那天他們沒有接到宿舍的電話，即一切平安，翌日他們跟瑪雅通電話時她說昨天什麼感覺也沒有，沒有想死也沒有做什麼的衝動，他們才鬆了口氣。

「好！我願意試一試！」瑪雅突然間說。

瑪雅的聲音把素桑從思緒裡拉了出來。

亞穆娜示意瑪雅走到水池並站在水池中間，天花板有光直射進來，水不知道從哪裡匯聚傾瀉下來，水簾泛起重重的七色彩光。瑪雅和衣地走進水裡，雖然比在外面的沙漠溫度最少低十五度，但經過一天的旅程，素桑想瑪雅應該挺享受的，她的神情帶點肅穆向天窗看去，一縷縷的銀色光芒從天窗緩緩散落在瑪雅身上。此時，亞穆娜把縷縷銀色的光芒造成光柱一直往瑪雅的心輪射進去，最初素桑可以看見心只能吸收很少的光，然後心輪好像呈現了一個漩渦，它擴大的速度越來越快，眼見心輪越大吸收光的能力也越大，漩渦已經把瑪雅的身體包圍著，但見這團漩渦開始被這些銀色的光柱牽引著往上升，瑪雅的身體自然地仰臥面朝天窗。

然後亞穆娜開始幽幽地唱了一首歌，唱的音節像在訴說著一個故事，雄渾的聲音在洞內的四面八方傳來，聲音通過洞的牆壁產生振頻，她一個人唱出來的聲音好像合唱團般，素桑和也藍不由自主地坐了下來。素桑本來是死死地盯著瑪雅的，但隨著亞穆娜的聲音，她的眼皮像千斤下墜那樣合了起來，整個人發痲，她只覺得身體的每個部分，從皮膚、骨骼、臟腑到血液、細胞甚至DNA、RNA的組成分合中傳遞的遺傳訊息、資訊儲存，把這個藍圖的序列重新編排和喚醒。素桑知道DNA和RNA的改變人類是無法感受到的，因為那不是在六感之中，但當時就是有一種內識知道這一切的改變。

亞穆娜所唱出來的聲音時而高亢時而溫婉，有時聽起來像訴說思鄉愁，有時覺得幽怨傷感，但突然間聲音一轉好像換了另一種語言，有點像非洲土語的音節，還有那種用舌頭在口腔發出的「篤篤」聲，然後所有語句一節節地斷開來，有時是一個很高的單音在渾然回轉，最後當她停下來，一下子萬籟俱寂，她的聲音還在四面八方的牆激盪。素桑的腦卻陷入一種完全停頓的狀態，她過後回想那不只是空白，那是很深入的聆聽，這並不是用耳朵，而是在全然沒有「我」在聆聽，沒有身體、沒有宇宙、沒有名相、沒有幻相。如此赤裸裸地把這隱藏著的神聖顯現，當顯現的同時又發現神聖本來就存在於一切生命與非生命，人與非人。

不知過了多久，素桑慢慢地回到這個世界，整個人有一種洗刷過的空白，好像記憶被更新，身體動彈不得。突然想起瑪雅，不知道她如何？於是很努力地尋找瑪雅的蹤影，她已不在水池的半空，只見她頭上帶著一個跟亞穆娜雙連的儀器，雙腿盤膝坐在亞穆娜面前。亞穆娜聚精會神，左手拿著一塊東西。但由於太遠，素桑看不清楚，她只能猜想那像是一塊控制板，就像平常用的平板電腦，只是這個很小只有巴掌大小。她們像在傳輸什麼？素桑的目光又在尋找也藍，見到她在水池的另一面，情況跟自己差不多，看來她還沒醒，沒有什麼動靜。過了一會素桑的四肢開始能夠活動，她慢慢地爬起來，感覺身上沒有一個地方是自己的，眼見也藍也開始甦醒，亞穆娜把自己和瑪雅頭上的儀器一起拿走，瑪雅還是坐在那一動不動，她說瑪雅需要休息，見她身上、頭髮已經完全乾透，完全沒有濕過的痕跡。亞穆娜還給她蓋了一件袍子。

「請問你剛才跟瑪雅做了什麼？」素桑問。

「我給瑪雅重新連接屬於她的能力，同時把隱藏她特殊能力的DNA排序和壓抑機制移除，讓她可以感覺自己是完整的，不再是零零散散記憶不全的。另外，讓她看見身體和三維世界的幻相，知道死亡並不代表什麼，不需要讓死亡變成藉口或逃避。她需要在看清幻相後尋找一個適合自己生命的方法。」亞穆娜帶點沙啞的聲音說。

素桑聽著她的聲音卻連接不到剛才唱歌的聲音，它們好像不是發自同一個人的。

「也藍，你感覺如何？」素桑問。

「我很好，剛才聽著亞穆娜的歌聲，有很長一段時間我感覺靈魂或神識離開了身體一直在漂浮，我不知道我去了哪裡，但我感覺很鬆弛，我沒有影像但一直覺得很暖很舒服，然後不知去了多久就感覺身體跟我的連結把我拉回來，然後就看到你們。你們怎樣？」也藍說。

「我很好，好像被洗刷了一遍，腦袋一片空白！」素桑笑說。

「不知亞密和亞倫怎樣？」也藍突然想起了他們。

「他們沒什麼，很快會醒來！他們醒來後不會記得剛才暈眩過，只知道是躺下來休息了一會。他們還沒能接受，你們也就不需要給他們說剛才發生過的事情，明白嗎？」亞穆娜三隻眼睛一眨一眨地說，然後把連衣帽子戴上。

語音未落就聽見亞倫和亞密的聲音，「我們在哪裡？為什麼會在這裡休息？」亞倫問。

「剛才我們有點累就走進來休息，你們沒有在沙漠見過這個山洞吧？」也藍趁機跟他們講話，看看他們是否眞的不記得剛才被亞穆娜的三眼迷暈的事情。他們一點懷疑都沒有，彷彿從來沒有見過那三隻眼。

只是亞密向亞穆娜問：「你從什麼地方來？」

「很遙遠的星空。」亞穆娜回答說。

「別瞎說，你是非洲族裔，衣索比亞人嗎？」亞密笑說。

「他們的祖先和我們的星球有關聯。」亞穆娜回答。

當亞穆娜再脫下帽子的時候她的第三眼已經不見了，她就像平常人一樣。

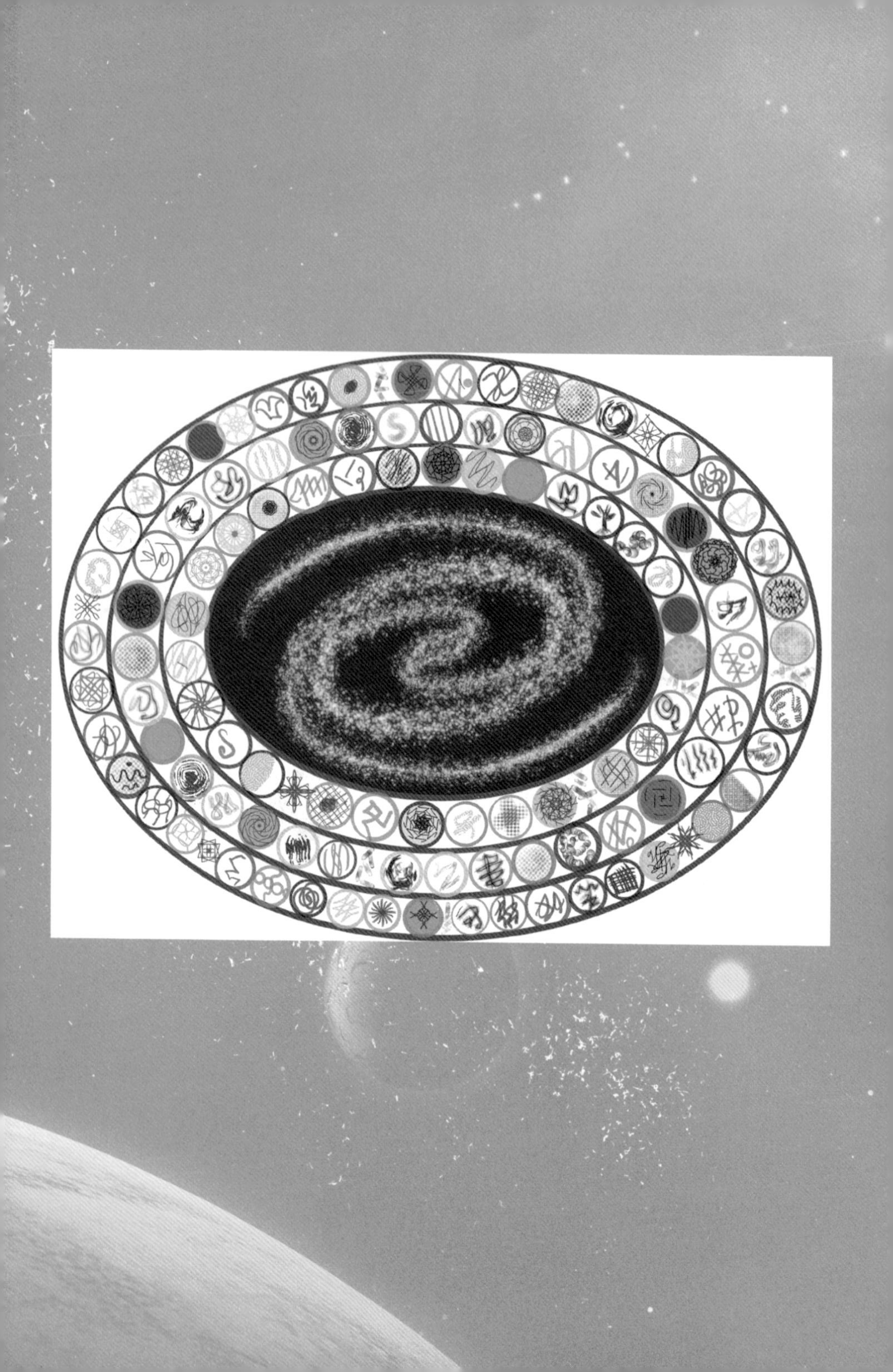

6

加斯加星球的六大族

我們感覺地球將會遭遇很多場浩劫，於是帶著胚胎來到地球做實驗，看看能否在地球生長，並能抵禦各種滅絕的情況。這些胚胎來到地球還是放在我們的保護器裡面，直到出生，我們並不需要使用地球人作為母胎受精，這樣在地球的第一代誕生了。

沒有第三眼的亞穆娜跟大家沒有什麼分別，真的有點像衣索比亞人或非裔人種，只是她的身形比較健碩，整個人好像充滿力量一樣，跟骨骼比較纖細的衣索比亞人有點不同，但猶太人種本來就多混血兒，所以隱藏在以色列十分容易融入。

「你剛才說衣索比亞人的祖先和你們的星球有關聯？」醒來不久的也藍已經禁不住好奇心問。

「應該說是非洲人種。非洲這片大陸本來就是其中一個人類最先開始生存、活躍的土地。兩、三百萬年前的非洲跟西藏就是人類最先擁有科技和跟不同星族人生活的地方。不明白為何今天的非洲人會被說成落後，中間的歷史還夾雜著販賣黑奴到葡萄牙、英國、西班牙、法國、荷蘭、丹麥，當然還有很大部分去了美國。那些尊貴的非洲族人去了哪裡？從一五一五年至十九世紀中葉，有超過一千兩百五十萬名非洲人用作交易，他們除了被奴役，女性還會被奴隸主性侵，當中大約兩百萬的男性、女性和兒童在路途中喪生。你們可知道他們本身就是一件雕塑品，是力和美的表現，如此高潔的民族為何會變成這樣？我甚是不解！為何地球人類會淪落至此，為了利益與私欲不擇手段，甚至草菅人命，用各種方式蹂躪人的身心？我對地球近百多年來的情況感到難過。」亞穆娜呼一口氣繼續說。

「那時的非洲有冰川、河流，有茂密樹林和海洋，各種飛鳥蟲魚、珍禽異獸，如果你們相信有天堂，那麼就是非洲。我們的星球是距離地球大概二億光年的加斯加星球，星球上有六大族。所謂六大族並不是地球上以血緣為記的家族，更清楚來說應該是我們的分工。簡單來說六大族包括：白翎珥族是藝術家，甘瑱珥族是商人，梓鈺珥族是老師，涵瑱珥族是醫生，鋑璛珥族是戰士，而我的轅璞珥族是科學家。我們沒有首領、總統或國王，只有一個共同執行機關，稱之為格野，大概就是你們政府的意思。格野是由每個族推舉兩個人來擔任，這些人我們稱為扎木，即是眾人代表的意思，這樣可以保證每個族的人都有平等的話語權，同時杜絕濫權或獨裁的情況。星球上的架構是很簡單的，因為我們是一個存活了很久的星族，已經歷過很多種治理方式，這是一套我們覺得最接近簡單生命，又不妨礙大家發展和能保護我們星球的方法。最重要的一點，就是星球上每一個族人的心是相連的，我們不一定會去查究你在想什麼的細節，因為我們尊重每一個自由生命，但念頭是否純淨或負面或對星球有損害，會表現在我們體光上的變化，這個改變每個人都可以看見的，所以大家自然會慎思。

「所有星球上的生命都是胚胎孕育出來的，所有人都是父母，我們沒有地球的家庭制度，但卻是一個更完整的大家庭。小時候我們可以隨意選擇到不同的人家裡居住，或所有小孩住在一個很大的地方，就像你們的社區。大家一起學習、嬉戲、生活、瞭解不同族所擔綱的工作。我們沒有婚姻制度但有伴侶制度，如果選擇了一個伴侶就可以登記一起生活，如果雙方決定終止關係也可以自行在登記冊刪除。我們的生命很長，所以每個族人都會有獨身和有伴侶的時候。」亞穆娜說的時候臉上和眼裡帶有期盼。

「你說你們是以胚胎孕育，那麼在你們出生前就已經設定好你們是哪一族？長大後會做什麼？完全沒有自由。」也藍有點驚訝地說。

「是，又不是！我們的胚胎是根據我們星球的圖譜和那個胚胎特長的編碼編寫出來的，每個人都有他的能力和責任，但如果我們在完成了訓練，和工作了一段時間，覺得不喜歡，希望轉到別的族是可以申請的。但這樣做的人很少，因為我們的基因早就設定了，自然而然去做的是最好和最喜歡的工作。譬如說我們不存在什麼靈性主義和尋道，因為我們很清楚自己的出處，地球所說的夢境與實相也不在我們探討之內，我們不需要救贖和解脫。但我們可以選擇獨處或閉關，直到我們明白生存在這個星球跟宇宙的關係法則。當然我們仍會探求宇宙和其他不同星族的存在，這是科學家的工作，然而我們的科學跟地球又是很不同的。用地球的語言來解釋，我們看待科學的心態很不一樣，科學家的特長就是可以用心的能量去測試，機器是我們的心的延續，我們的儀器或機器人是聽命於我們心識的指示。舉一個很簡單的例子，要量度從這個星球到那個星球並不是用數學計算而是用心量度，如果我們說沒有距離就代表我們可以立即到達，如果我們說要心識圍繞一圈，就可能是地球人時間觀的三十光年。這樣說你們明白嗎？只有心識可以在不同維度進出，同時也只有心識才可以包容整個宇宙甚至超越宇宙，因為只有心，既在體內也在體外綿綿無盡。

「其實除了科學家，六大族都是用心識為工具的：醫生用心識，不但是先從醫心下手，就是手術也是用心識法做，無需像你們把病人切開做手術，所有探索病的根源，有形無形都是由心入手。至於細菌、病菌、疫症、遺傳病，在加斯加星球早已絕跡，唯一會把病菌傳進來的是曾經到過別的星球工作或旅遊的族人，所以他們回來時是要接受一系列的檢測，很多其他星球的傳染生物潛伏期可以很長而沒有病徵，同時有些可以直接破壞我們心和腦的連接，有些則能直接吞噬我們的細胞或終斷細胞的修復功能。在過去我們曾經幾乎被這些病毒滅族，所以在對抗病毒上我們有深刻的體驗，我們明白沒有什麼可以抵抗一個族群完整的心識力量，但要達到這種完整的心性光連結是不夠的，還有很多需要學習和瞭解的。我們的醫生所負責的範圍很廣，他們甚至要對天文地理、星宿運行，當然還有對族人身體各種情況瞭如指掌，因為有很大部分的醫學要在一切還沒形成就已經要開始完備，在你們口中的DNA和細胞的層面之前就已經開始。用心識來調整胚胎是一個很大的學問，我們還在不斷研究提升。至於其他四族也是以心的演化，藝術家要表達的不止是形式藝術，最重要表達的是別人看不到、聽不到的源頭訊息，是沉默，是宇宙的聲音，是顏色，是舞蹈，藝術是打開心、豐富心、瞭解心、面對心的最好方法。一個開放的心，柔軟的心，跟源頭對齊的心，跟每一個族人互通的心的感覺是如此澎湃，我希望你們地球人也有一天能夠感受到。用心的戰士才是眞正的戰士，因為我們並不是要置敵人於死地，而是要他們感受自己心之光而改變，武器是心的延續，天地宇宙的力量可以是武器，當然讓敵人掉進他們自己的幻相也是武器。」亞穆娜不疾不徐地說。

也藍看了素桑一眼，只見她的神識好像還在別處，就回答說：「說眞的，不明白。你們的思維方式跟地球人很不一樣。你們計算的單位是心識，不是數字，但要實質建一艘太空船、一棟樓房也可以用心識量度的嗎？」

「可以，因為我們的太空船是有機物質，可以隨意建造、改變，航道會隨我們的心識而釐定。只要心識能打開的星門、蟲洞，我們就能穿過。對我們來說心識是科學，聚集所有人心識的力量可以保衛星球抵禦侵略者，建造武器，愛是科學，那是個體心識跟整體心識結合所顯示的一切。神、魔、天堂、地獄、好和壞、正與邪並不在我們考慮之中，這些都是二元對立的東西。我們需要明白的是整體心識運作所帶來的強大力量，如何可以讓我們的星球能保護自己，自給自足，不受各種因素如隕石、天氣、磁極、地殼變動，或被其他星球侵襲而滅亡。我們研究了很多星球的生滅，要能不斷生存，其中一個方法就是不斷改變基因讓身體能適應天氣、敵人，我們需要更大潛力開發不同領域。當然在我們的語言系統內還有我們書寫不同運算方法的語言。」亞穆娜繼續說。

「那你們為什麼來地球？」素桑突然說了一句。

「我們感覺地球將會遭遇很多場浩劫，於是帶著胚胎來到地球做實驗，看看能否在地球生長，以抵禦各種滅絕的情況。這些胚胎來到地球還是放在我們的保護器裡面，直到出生，我們並不需要使用地球人作為母胎受精，這樣在地球的第一代誕生了，用地球人的術語，他們的DNA和RNA是完全開發、完美的，他們是完美的化身。同時他們可以改變成任何形相，也可以改變別人的思維。我們的實驗想看看如果用我們的胚胎在地球生長會怎樣？我們曾經去過很多星球做這個實驗，發現有些星球不適合我們持續生長。當時的非洲無論環境、氣候、風貌和跟不同星族的接壤都是我們的首選。加斯加星球人有六隻眼睛，三隻在臉上，三隻在兩手和心中位置。但在當時來說並沒有很特別，也沒有引起什麼問題，當時在地球上居住的星人有著各種形態，人形非人形，像動物，像飛鳥或海裡生物，總之比你們現在的科幻電影還要豐富，而我就是來做這研究的科學家之一，由於我們的生命很長所以成長期也很長，由出生到成年，以地球人的計算方法大概要二至三萬年，所以有些時候我們會活在地底、深山、冰川、海洋深處、山的巔峰或森林，為的是讓這些胚胎可以適應任何一種環境。地球在悠長的歷程中一直有不同的改變，包括自然和超自然的。我們的胚胎慢慢成長，他們可以抵禦所有地球的天然災害甚至核輻射，當然他們也有受傷的時候，但身體的修復能力對這些傷害游刃有餘。」亞穆娜慢慢解釋。

「你所說的已經是神話，你們可能就是我們故事書中所說的神。」也藍失聲道。

「其實經過那麼久的研究和經驗，人類留下來的神話大部分是不同種族的星族人，這些我們是知道的。但我還是弄不清你們幾百萬年前在這裡跟今天你找瑪雅的關係。」素桑語氣中有點倔。

「是的，這些神話你們說了六千年才找到一點端倪，這些神話跟現在的你們有很大的關係。請讓我把故事說完，當年我們帶了三十三個胚胎來地球，本來在上次冰河時期之後就會全部帶走，返回加斯加星球，但有三個已成年的胚胎希望留在地球，他們有一個愛上了原生地球人，一個愛上了另一個星族人，還有一個希望留在地球繼續經驗學習。在加斯加星球是沒有愛情的，因為我們可以是生活夥伴，但結伴同行跟地球充滿佔有慾、激情、驚心動魄的愛情觀是不一樣的。同時由於我們是用胚胎繁殖下一代，所以愛情、結婚和性並不佔有任何位置。但這些胚胎由出生開始已經在地球，雖然在他們的編碼裡跟加斯加星族是一體的，他們亦能感受到一體的愛，但他們從來沒有眞正在加斯加星球生活過，對星球的一切是陌生的，所以他們在漫長地球生命裡開始戀愛，而且愛得轟轟烈烈，同時也因為地球人，他們才會經歷每個心愛的人的死亡。他們愛上了地球人而且不斷地在繁殖，這些混血的孩子每個有著不同的能力，而我們用了很長時間才可以把他們的基因圖譜和突變編寫出來。地球人有些隱性基因，當結合上加斯加星族的基因就會撞擊出不同結果。有些能隱身，有些能飛，有些能活在水裡，有些能穿越時空，總之每個人不同。剛開始的時候每個孩子的能力都很強，但一直到大約第五代的時候，他們的能力會慢慢散失或變得越來越弱。我們查到在過去幾十年和特別在二〇〇〇年後出生的孩子，他們的星族隱性基因會浮現，可是他們不懂控制也不明自身的來歷，在現今的地球很容易產生各種心理、情緒、自我懷疑甚至自毀傾向的問題。我們相信現在地球是需要這一群既愛護地球又有不同能力的孩子，所以我們希望可以把他們集合，幫助他們瞭解這一段歷史，亦可以幫助他們跟加斯加星族的一體愛連接，讓他們感覺自己不是孤單的，他們也是我們的族人。

「至於另一個加斯加星族胚胎和別的星族人的聯姻，差點讓兩個星球發生大戰，幸好最後被化解了。這兩族所得出的小孩基因可能是宇宙最強的一組，而他們最後去了另一個星球在那裡開展了一個全新的族群。

「至於最後一個留在地球的加斯加星人在地球不同階段的成長史裡擔任著極其重要的位置，他既能不斷改變身分，也可以進入很多外界不能接觸的神祕學、陰謀論核心，有些甚至是他成立的，也從悠長的生命裡累積了富可敵國的財寶。他就是我們在地球最可信賴的人，現在這個計劃也是他啟動的。」亞穆娜聲音帶點高亢地說。

「哇！你說的就像電影橋段，如果不是剛才所見和經歷，我絕對認為這是一部上乘的科幻電影。」也藍還在咀嚼這個故事。

「我明白你所說的，但這樣對這些小孩可能會有危險，畢竟如讓敵人知道他們的存在和如何提升他們，敵人也必定會希望羅致旗下，你要知道這些混血人的後代可塑程度極高，他們究竟能達到什麼程度？我們還不清楚。我個人只是希望他們能開心快樂地活著，不需要捲進一頭未知的戰爭裡。」素桑看來已經嗅到一系列在他們面前的情況。

「戰爭是太嚴重的言詞，但你是清楚他們能力的人，他們可以讓自己和別人活得更快樂。」亞穆娜說。

「這個我同意，但你們似乎還有一些隱藏議程沒有跟我們說。本來你所說的對小孩的幫助，我是很高興的，但當你說到最後那個留在這裡的加斯加族人，我就知道這個人一定對這些小孩有完整的計劃，不然也不會當此亂世請你去組織他們。我希望你們在做每一步之前也可以跟我們溝通。他是誰？我可以相信你，但我能相信他嗎？地球的貪嗔痴愛欲求是可以讓宇宙任何生物改變的。你不是說他從來沒有去過加斯加星球，從來沒有感受過你們的一體愛嗎？那他就是一個有超能力的地球人，這可是十分危險的。」素桑帶點憂慮的聲音說。

「我明白你的憂慮，但這個人你必須相信，他是加斯加族人，我們都知道對方所想，他自薦留在地球繼續參與研究加斯加星族人和地球人結合所出生的孩子在心理、生理、精神的種種情況，和他們的能力是否會隨年齡的增長而增加或減弱，又是否會因為天文現象而改變？例如月圓、日食、月食、九星連珠等等現象，他一直在找方法幫助地球和這些小孩。」亞穆娜誠懇地說。

「這真的是他留在地球的原因？還是地球是一個比你們星球更有趣的地方，他在這裡所擁有的一切和能力絕對可以在地球上劃地為王，你有沒有想過？」素桑半帶笑地說。

也藍看著素桑和亞穆娜的對話心想：「素桑本身並不是多疑的人，但在這件事上她表現得出奇地小心翼翼，可能這跟瑪雅有關，素桑便顯現出平常看不到，一個母親的擔憂。」

「好！我答應你我們會盡量跟你們溝通清楚，也不會讓孩子遇到危險。我倒是想聽聽你剛才在腦內沒完成的故事。我聽到你自己在回憶瑪雅一路以來的經歷，我很想繼續聽這個故事。」亞穆娜話題一轉，注意力回到素桑那裡。

素桑征一怔，沒想到剛才一直在回憶的東西被亞穆娜察覺了。

7

星際小孩的
地球不適應症

我想你們所說的星際小孩有很多擁有特殊能力，但不一定懂得如何運用，這個也是我們希望找到他們的原因，據我們的研究，地球其實有好幾批不同的星際小孩出現，然後有一些鮮為人知，是我們加斯加族跟地球人結合的後裔，這批後裔我們一直有派人監察，因為他們的能力特殊，如果在突變的時候讓地球人知道，會對這些小孩的生命構成威脅。

「瑪雅的治療過了這個生日才算正式開始，我們也習慣了每星期去看她，給她帶喜歡的食物、乾淨的衣服，跟她聊天，她也會跟我們說一點在那裡的情況，還有在這裡認識的朋友。我已經很久沒有見過瑪雅有朋友，儘管她還是說自己沒有朋友。這裡的人各有各的問題，情緒上的、家庭的，更有痛的經歷，現在同一屋簷下，他們反而可以開心見誠，因為大家畢竟有些相同的感受，也不會彼此貼標籤和冷待。就是這樣，瑪雅慢慢地開始融入這個圈子。

「有一次我去看她的時候，聽到很優美的鋼琴聲，她的朋友說是瑪雅在彈鋼琴，我聽著聽著，聽她彈琴已是好久、好久以前的事，自從她的右手發生過意外，被碎玻璃割傷神經後，她已經沒有彈過鋼琴。我走到交流室外聽，一陣暖流，雖然沒有以前的嫻熟，但她讓音樂回到她的生命，是那麼的奇妙。

「一個曾經每天琴不離手、贏得比賽的女孩因為一次意外，把音樂從她身上奪走，手指的神經讓手指不能收緊握拳，在彈奏的時候會痛，這一切一切，她還會怕我們擔心跟我們說沒事，但我卻看到抑鬱越來越嚴重的她。這更讓我懷疑我作為一個母親是那麼不稱職，我不知道她從小就會有那種突如其來的能量，讓她不知道自己身在何方，也不知道她可以看到另一個維度的影像。我記得她有跟我說過，但我漫不經心，我並沒有把這些放在心上。這個也可能跟修行有關：『一切總會過去，都是夢境。』但原來這些事情在一個小孩身上發生的影響是不一樣的。

「又或許是我不懂得去表達我對她的愛，遺傳了一部分老一輩東方人對愛的拘謹，又或許我覺得我一直追求的靈性開悟跟生兒育女拉不上關係，上師是我最愛的人，因為他讓我重生，但我沒有看清楚這一切都是靈性開悟的一環。上師的愛讓我在此生有如此截然不同的生活，該看、該經歷、該放下、該愛的都一併湧來。我很清楚自己做了很多生的獨自修行人，到今次就要在繁花世界以靈性修持的心態活著。那應該是如下如是，以喜悅的愛活著，但我應該沒有做到，反而因為這一切的發生，讓我好好審視素桑，把當時的情況想了一遍，我想我應該好好感謝瑪雅，都說子女是最好的老師，果然如是！」

瑪雅的鋼琴停了，看到素桑在門外，素桑給她一個擁抱，她最不喜歡人碰她但她還是接受了。「你彈鋼琴了，很好聽！」素桑說。

「這裡有一個男生大家叫他耶穌，他也彈鋼琴、吉他、打鼓，自己作曲，我們有時會一起合奏。」瑪雅說。

「那太好了！」素桑是多麼高興。

耶穌比瑪雅大幾個月，個子不高，一頭及肩的棕髮，藍眼睛，身形瘦削。素桑對這個孩子特別有好感，他讓瑪雅回到音樂，而且他有一種讓人很喜歡的沉靜。他十分靦腆，帶點內斂，這氣質很少出現在以色列人身上，這邊的小孩大多直爽、外向，跟耶穌是強烈的對比。他每次看到素桑總是微笑，但從未跟她說過一句話。有時聽他彈吉他，以為是老手，但瑪雅卻說他只彈了幾個月，但卻沒有他彈不了的樂譜。

這樣一天一天的，發現這裡的人都很聰明、智商很高，他們都可以速讀自學，能玩很多樂器，有些是電腦奇才，當然他們都有些相同的地方，就是不太喜歡跟人在一起。他們大部分不能直視別人的雙眼，也會有焦慮、疲倦，和需要很多自我空間，他們對所有事情都會焦慮。

他們所有事情都會從最壞的情景想起，然後把所有可能會發生的最壞情況放在腦子裡，然後就會不停焦慮。雖然在這裡他們能得到輕微舒緩的藥，但這些藥治標不治本。

「如果你連死也不怕還有什麼好憂慮的，人類一生最害怕的就是死亡，你都不怕死還憂慮什麼？」素桑問瑪雅。

自此以後她們常討論這個問題，素桑希望她能慢慢放下執著。現在的人都說正面思維，但對瑪雅或那裡的小孩來說根本風馬牛不相及，瑪雅說思維並沒有正負面，這並不是他們能控制的。

有一天素桑問瑪雅：「你還記得小時候每次午覺睡醒就會哭，天天如是，無論我們用什麼方法都沒有用，你知道為什麼嗎？」

「這可能是因為當我睡醒的時候，我發覺我的身體坐在床上而我可能站在其他地方，我看到這樣覺得害怕，睡醒的時候這種感覺特別強。」瑪雅想一想然後回答。

「可是你早上醒來並不會這樣，只有午睡醒來才會發生？」素桑說。

「我不知道，但我也想過，一天裡不同時間的能量和顏色是不一樣的，這樣可能對我的感知有影響！」瑪雅還在回想。

素桑開始明白她之所以憂慮不是因為害怕死亡，而是她曾經到過生命的另一場景。有一些瑪雅經驗過的素桑並不知道。

她慢慢把關於瑪雅小時候的記憶串回來，然後嘗試把圖畫拼湊問她當時的情況。

瑪雅在這個地方待了八個月，後期已經可以一星期回家兩次和度過長周末，期間她再次做了核磁共振（MRI）、腦電圖（EEG），證明她的腦和神經是沒有問題的。她做了各式各樣的心理治療，最大的好處是她願意跟素桑溝通了，她們是兩個極端，一個天性就是開放，對萬事不擔憂，也不會理會別人的看法；另一個則是憂慮、自閉。

治療宿舍的報告說，瑪雅可能是有亞斯伯格症，但有趣的是他們找不到一個能說明的病症，只說她綜合有什麼症狀，如焦慮、睡眠品質不好、自我形象低落等等，但卻無法歸類，只能盲打亂撞，試試各種治療方法。以色列醫療體系不錯，只要是有保險的，都可以付有限的金錢得到頂級醫生的診治。醫生雖眞心關懷病人，但他們若是找不到問題的所在，也就不能判斷、下藥。

素桑用了很多時間研究不同的治療，當中也接觸過不同系統的星際小孩。星際小孩可以分為三類：靛藍小孩、水晶小孩、彩虹小孩，還有一種就是年紀比較小的新人類——這些已經能清楚說出他們來自的星系，或因為看到一些圖形，或一些能量編碼而能感受到相互之間的關係，也有一些說出來在地球的任務，或從小一直有外星朋友來探訪他。

一個澳洲的治療師對素桑說，他可以幫助清洗一些殘留在人體內的負面或被更改過的編碼，或許對瑪雅的情況有幫助。

他和瑪雅聊了半個小時，瑪雅跟素桑做了一個鬼臉說：「完畢了。」

「那麼快？」素桑說。

「我想她是有點抗拒！」治療師說。

「沒有什麼！但你不用浪費金錢，因為我不會被醫好的，只有我能醫好我自己，我會用我自己的方法。他們做的沒有用！」瑪雅說。

素桑聽後明白了一點，跟瑪雅說：「好！我相信你，但我是不會放棄的。」

素桑心想：「不會有人比我做得更好，因為不會有人比我更清楚她和更希望她快樂，這是一個母親單純的願望。只要我眞正去面對自己，辦法就會出現，有時候甚至不是眞的辦法，只是面對了問題自會瓦解，根本不需要做什麼。這個感悟帶我走了很遠很遠的路。」

「之後的瑪雅比較懂得跟人溝通，雖然仍會有憂慮，但她也願意跟一些已經離開了治療宿舍的朋友見面聊天。我盡量像朋友般待在她身邊，有時候跟她聊天，或去逛街，或只是給她煮一碗麵，反正會盡量找些時間跟她在一起，有時會感覺要為她做一些能量治療。

「但大部分時間，只要有情況發生或改變時，就在那個當下，心中的感覺是什麼問題，是愛、是寬恕、是憤怒，憤怒的是誰、寬恕的是誰、愛的是誰，誰是這一切經驗者？

是『我』嗎？我越勇於立於當下，瑪雅的情況就越發改善，然後就有了上次去婆羅浮屠後的經驗。」素桑大概把她想到過去幾年發生的說了一遍。

素桑剛才用三言兩語跟他們說了關於星際小孩和新人類的一些研究，其實裡面涵蓋的很多，除了這些個別的孩子，還包括整個社會的轉變。她花了很多時間去研究過去三、四十年，西方社會特別是美國很流行把一些有別於一般的小孩歸類。很多年前素桑有個博士朋友是研究九型人格（Enneagram of Personality）的大師，傾盡所學以九型人格來跟十分棘手的孩子溝通及教導，最後獲得很好的效果。

他們大致把星際小孩分為：靛藍小孩、水晶小孩、彩虹小孩。

靛藍小孩一詞是由自稱通靈人的南希．安．塔佩（Nancy Ann Tappe）在七〇年代所提出的概念，她當時發現很多小孩的體光是靛藍色的，並發覺這些小孩擁有一些超自然力量的特質，並認為他們能幫助人類下一步的躍進。他們可能會讀心，也更有同理心，意志堅強和充滿創造力。

靛藍小孩其後由克里昂（Kryon）的李卡羅爾和珍托伯進一步提出印證，並在隨後的十幾年發行了一系列的書籍和電影，在當時來說引起了廣泛的興趣，但同時也被多方質疑，因為很多父母把一些有學習障礙、注意力不足的多動症小孩以靛藍小孩作為替代診斷，而不考慮傳統西方醫學治療或精神科治療。

另外一個經常被提及跟靛藍小孩有關聯的病症就是自閉症，作為母親的素桑很容易代入他們的想法，這樣小孩不會被認定有毛病，相反他們是有特殊天賦的小孩，在某一個程度上會讓父母和小孩自我感覺良好，同時帶有正面意識。

但要如何釐定哪一個治療和面對方法才是最好？每個人著實不同，太多的西藥固然對身體有害，但完全沒有診斷，讓問題不斷延伸也可能會導致日後出現的精神問題：自誇、迷惑或潛在恐懼。

素桑想，若要研究當時父母的選擇，也必須跟當年的社會風氣、醫藥標準合在一起才能推敲。當時已經有很多醫生在抨擊這些偽科學的新時代人士重複地要把這個信念推向合法化（儘管在醫學和科學層面對靛藍小孩的特徵和能力從沒有承認過）。

今天的靛藍小孩團體普遍認為靛藍小孩大概出生在一九六〇年到一九九〇年，那些在六〇年代初或更早出生的被視為是先頭部隊，他們是精神戰士，誕生的目的是為了給世界帶來改變。

對靛藍小孩定義的十三項特質包括：

（一）自我感覺跟別人不同。

（二）感到信心十足甚至近乎自大，因為相信有一種更大的不知名能力在背後支撐。

（三）對自己和別人有很高的期望。

他們既不斷鞭策自己達到這個期許，也同時要求別人達到這個要求，因此在人際關係上很是棘手。另外他們對自己的要求和批判近乎苛刻。

（四）很有觀點。

他們有自己的世界觀，認為自己的方法是對的，如果別人不跟他的方法走會感到生氣。他們絕對認為如果由靛藍小孩來治理世界，一切將會更好。

（五）對權威的質疑及要推翻一切僵化的制度。

對一切跟他們的不謀合的權威觀點永遠不會妥協。

（六）對能量敏感並容易沮喪，因為他們的視野、能力和靈魂印記驅使，讓他們對不能立即改變或糾正的事情感到灰心、沮喪。他們對能量敏感，而他們往往需要鍛鍊耐性。

（七）創造力豐富。賦有音樂和藝術才華，會讓其他人從這些藝術中走進他們眼中的世界。

（八）變革者。由於他們很專注理解社會的問題，同時是很好的領袖，常常能提供解決社會、經濟和個人問題的方法。

（九）感覺自己是失落的靈魂，常常覺得自己並不屬於身處的世界，因為感覺自己有別於大部分的人。他們既不會削足就履，只會成為一個孤獨者或反叛者。

（十）很強的驅動力。作為一個靛藍孩子，他們的靈魂使命早就牢牢地印在DNA裡，只要是他們認為是正確的事，絕對不會因為任何困難而退縮，會一直堅守到底。

（十一）對相信的信念專注並充滿熱情。

（十二）擁有高度和完備的精神能力並視之為平常，這可幫助他們不被外相迷惑直接解讀別人。

（十三）老靈魂。他們已多次轉生，靈魂在不同的時空回轉，他們要來打破舊有的限制，挑戰舊信念並為水晶兒童的到來開路。

很多人認為這些所謂靛藍小孩特質太過籠統，因為差不多所有人或多或少也會有近似的情況。有一點倒讓素桑覺得有趣，根據這些特質，素桑自己倒是十之八九跟他們有吻合的地方，只是她對自己是否是靛藍孩子並不熱衷，也許這可從另一角度認識自己。

研究靛藍小孩還有一個好處，這些孩子今天已經是成年人，甚至是中年，他們大概介乎二十多歲到五十多歲，不同國家或城市有自己的靛藍小孩臉書組群，有些甚至成立了在家教學模式，並將之推廣給其他的靛藍小孩的父母，讓靛藍小孩可以找到足夠的幫助和支持。他們有些甚至自成一國，組成自己的樂隊，有自己的網絡和溝通方法。

同時由於這個現象已經出現了那麼長的時間，大家做了很多研究，而其中一個最先提出靛藍小孩的克里昂非營利團體寫道：

- 這現象並非只發生在美國，他們已經在世界上三個大洲發現。
- 他們遠遠超越文化和語言障礙。
- 這個現象一直得不到主流的認同，是因為在人類心理學的範疇裡，對這些現象的觀感只是報以「古怪」一詞。他們認為人類是靜態的不變的模式，意思是社會是會有進化的，但只限於過去式，現在這個「新人類」意識慢慢通過他們的下一代產生，這對主流觀點的衝擊還是過大，完全超越了他們的保守思維。
- 這種現象仍然在增加，越來越多的報告出現。
- 由於現象橫跨了一段長的時間，足以讓主流的專業人士去觀察和研究。
- 一些挑戰已經開始湧現了。❶

素桑突然想到這段日子在世界不同地方所發生的情況，有些是為了自由生命，有些為了推翻政權，有些為了心中的烏托邦，或許靛藍小孩也會在其中以各種形式奮戰，這一切一切就是為了破舊立新，把舊有腐敗的移除，讓新的、自由開放的生命扎根。如果這些小孩的天命就是為了一個新的更完美、更人道、更光明的地球，那麼我們還是有機會的。

「我想你們所說的星際小孩有很多擁有特殊能力，但不一定懂得如何運用，這個也是我們希望找到他們的原因，但據我們的研究，地球其實有好幾批不同的星際小孩出現，有一些鮮為人知，是我們加斯加族跟地球人結合的後裔，這批後裔我們一直有派人監察，因為他們的能力特殊，如果在突變的時候讓地球人知道，會對這些小孩的生命構成威脅。」

亞穆娜彷彿用心把素桑所想的一字一句、每一個畫面都看得很清楚，她的回答往往能緊接或正中提問。

註釋：

❶ The Indigo Children – Lee Carroll and JanTober 1999 Hay House
https://kryon.com/k_37.html

「你的意思是這些混血小孩的後裔平常跟我們沒有什麼不同，但他們會經歷突變的時期，然後就會演變或進化成擁有不同力量或智慧的人種。」素桑問。

「是的，你可以這樣說！」亞穆娜說。

「我記得你說過你們是不會死亡的，那麼當年那個因為愛留在地球的加斯加人還活著嗎？」素桑突然想起來。

「我們會死的，只是生命很長，在地球人的角度跟不死沒有太大分別，我們每經過大概地球三十萬年的時間會經歷沉睡，這是因為身體要自行修復，如果我們的身體遭遇一些不能承受的襲擊，如在核爆現場、身體燒成灰，或被一些別的星球的先進武器攻擊到細胞不能再修復的時候就會經歷死亡。當日那個星人已返回加斯加星球，正在經歷不知多久的沉睡期。」亞穆娜解釋。

「那麼，那些加斯加星族和地球人結合的混血兒，他們也會如此長壽嗎？」素桑問。

「那要看他/她的突變基因，不是每一個都有這個修復功能，從上古到現在所剩下來的直屬混血兒不會超過三個，但他們早已經隱身於山嶽、湖泊，現代人是不會見到他們的。」亞穆娜繼續說。

「我很想知道你們要找有加斯加星族基因變異的小孩，跟我一直在研究的星際小孩有沒有關係？」素桑終於把拼圖連在一起。

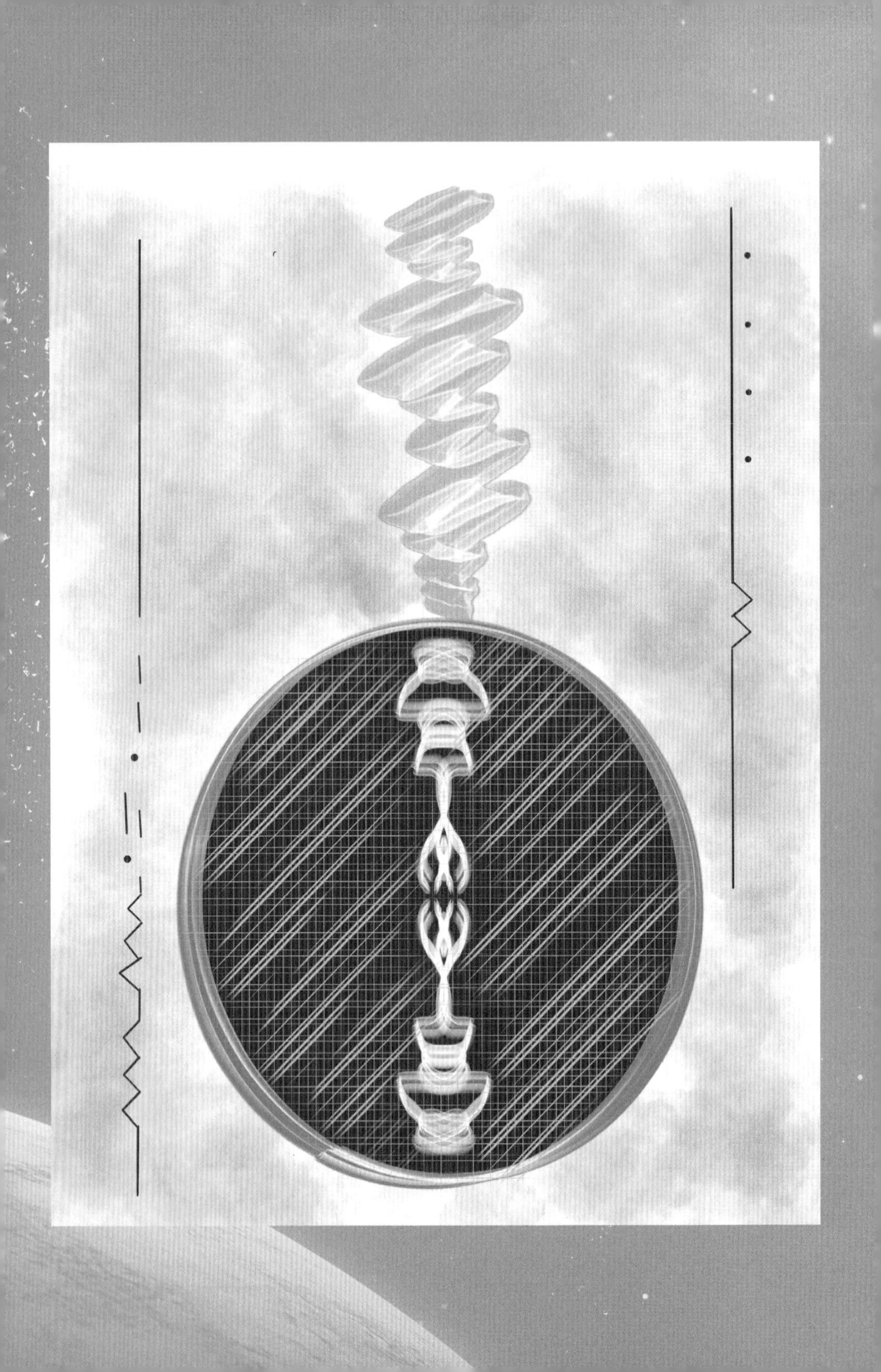

8

星族混血兒

這些新人類帶給人很多衝擊，外太空的技術，拆解人類歷史的真相，別的星族的生活方式，如何可以重新瞭解自己的身體，如何以思維改變DNA和RNA而提升，或是否可以通過寬恕而返回生命原步伐，人類是否真實存在過並通過不斷的相互振動而提升，生命的這一切為的是什麼？

「哈哈！你這個問題問得極好，只是我也在追查中！你剛才一直在腦海描述這些星際小孩的特徵、外形、能力、感覺，這對我的調查幫助很大，不如你繼續講述其他的星際小孩……」亞穆娜道。

沒有想過亞穆娜會反過來問自己，素桑確實有點意外。

「你們不是對地球瞭如指掌嗎？為何會反問我，那你們來地球如何找到我們，又打算如何找到其他小孩？」素桑大惑不解地問。

「我不需要知道那麼多，只需要知道在何時出現找何人，哪一個已經完備可以接觸的，我自然能感應到要找的人。這些混血人種有著跟地球人不一樣的靈魂頻率，他們的身體有著改良了的遺傳基因，而他們的靈魂可能來自宇宙裡任何一個星球。不同星球的靈魂有著不同的頻率，於是你可以看到在地球集合級數增加的自閉症、多動症、靛藍、水晶和彩虹小孩。而最重要的是這些休眠的遺傳區已經被激活並整合到生物系統，這就是為什麼這些新的人類會有那麼多的特殊能力。還有我們並不是唯一一個星族跟地球人通婚的，但似乎這些混血後裔所出現的狀態有很多相似之處，當然中間細分還是有不同，所以就正正出現了各種症狀的問題。」亞穆娜說。

「哦！我明白了！所以是有不同星族的混血小孩，然後他們既有相同也有不同，這就解釋了那麼多不同的情況，這些孩子有著不同的徵狀，有自閉症、亞斯伯格症、多動症、抑鬱，並對一切思想、感情、環境、能量頻率極度敏感，同時意識亦十分包容，也就代表他們的生物系統有不同程度的整合及激活去連結更大，以及我們無法想像的生命源。同時這些小孩的身體更強壯，修復能力更快，因為他們的分子結構讓身體的細胞震動得更快、更有效。他們有影像記憶、傳心術、知道別人在想什麼、能扭曲時間和空間，他們的學習能力極高同時可以做兩種，甚至多種任務。他們不一定對學校所學的科目明白和有興趣，但他們肯定可以明白及接觸宇宙的知識、一些先進的直覺知識，他們看的世界跟我們所看的不一樣，他們以能量、顏色、體光等離子看待世界。他們對某些知識的認識是來自內在生物的分子，也就是大腦的感知活動是來自DNA分子的原子結構。他們明白身體只是物理是不能影響他們的，所以地球的藥物對他們的細胞或DNA的影響只是表面的，並不能越過防線去擾亂他們，反而他們會選擇吸收不同的外來養分去幫助他們成長。那些主流醫生認為這是病，其實就正正是他們展現給我們看多維度的生命體如何不被三維世界規範。」素桑的腦袋突然間像亮了很多盞燈，瑪雅這些年的影像在她腦中一一掠過，她終於看到這些關聯。這些都曾經發生在瑪雅身上，如果以個別事件來看完全不能理解，若把一切放在一起就可以看出端倪了。難怪當年瑪雅說：「醫生是治療不好我的，只有我自己才可以。」

「我感覺站在你身旁我好像變聰明了，突然間豁然開朗！」素桑興奮地說。

「對的，由於我們星球的頻率跟地球不一樣，我們的出現會加快你們的頻率，重建你們的DNA，因為人類的DNA本來就可以被語言、聲音、頻率所改變，所以當你們不停地對一個人說很多讚美、開心的話，他們會慢慢改變，當人們重複誦讀經文的時候，只要他是眞心聆聽，經文的頻率就會對他們產生影響。如你所說DNA是不會被三維世界所規範的，所以你們會被宇宙發出的頻率、每個星球發出的聲音、日食、隕石、太陽黑子、麥田圈和有計畫地激發你們基因的星族人在背後為你們調頻。還有你們的DNA就是你們的資料庫，一切關於你們在這個三維世界和在別的星球靈魂的歷史與傳承，所以當與我們接觸的時候你們會感到很清晰、能量充盈，因為你們的DNA編碼一直在調整。而混血外星血液小孩的DNA架構並不是三維的，他們現在所經歷的轉變就是要達到五維，甚至更高的形式。一個沒有身體架構的架構，DNA和靈魂仍然存在，只是用另一個形式顯現。」亞穆娜解釋。

素桑聽得甚是高興，因為在過去幾年她一直在尋找該如何瞭解並幫助瑪雅的方法，現在終於看到曙光。

「你可否繼續跟我說地球的這些星族混血小孩的情形！」亞穆娜說。

「好吧！讓我接著說，靛藍小孩之後是水晶小孩，應該是在一九八〇至二〇〇〇年出生的，但也有人說從二〇〇四至二〇〇八年出生。他們都是靛藍小孩跟水晶小孩的混合體光，到二〇〇九至二〇一二年出生的水晶小孩，他們的水晶體光和水晶化身體就完備了。但我見過很多不同年齡的靛藍和水晶孩子，他們的徵狀互相重疊，但會有一、兩個特徵讓你知道他們的分別。倒是彩虹小孩是自成一組的，他們的感覺跟靛藍和水晶小孩完全不同。所以這些年份只可以用作參考，因為一個特別的小孩無論他在哪時出生都有其原因，所以應該研究他們的特性。

「根據研究，水晶小孩的任務是用愛通過藝術作溝通，帶領人類體驗一體性。因為不管表象上的差異，他們視一切平等，他們能看穿表象直視人的內心世界。有些人相信他們來地球的目的是通過地球的能量網來提升地球的頻率，這能量網亦能幫助他們跟其他水晶小孩溝通和連結他們。由於水晶小孩的特質，他們非常抗拒負性能量、謊言和被支配，他們很容易就能看穿陰謀和動機，同時不會因為任何勢力而退縮。

「水晶小孩的特性：

「•水晶小孩的眼睛清澈明淨，有懾人的能力，同時擁有一種老靈魂的洞悉力，有著不符合年齡的成熟。

「• 他們天生對事物無懼，他們喜歡向高難度和刺激挑戰，並且願意相信別人並知道一切都會沒有問題的。

「• 幻想力豐富：他們擁有的不只是幻想力，而是通過藝術和創造讓這些幻想鮮明地表達他們所看到的世界。

「• 超能力：有些人認為水晶小孩的六感比一般人強烈，因此也會導致過度刺激的情況出現，例如他們去人多或聲音嘈雜的地方很容易會出現不適、頭暈甚至昏厥的現象。水晶小孩超強的超能力往往就是他們賴以為療癒的工具，包括身體或情感的療癒。

「• 特別喜愛大自然：他們跟大自然融為一體，並十分喜歡動物，能跟牠們溝通，同時這些孩子會自然看到或接觸到仙子或其他神祕生物，如龍、天使、鳳凰等不同族群。另外跟水晶、石頭也能說上一兩句話，然後靜靜坐在大自然中就是他們覺得最愜意的時候。

「• 寬恕：水晶小孩的靈魂最渴求的就是他們自己、家人和世界內在的和平，因此他們是最能寬恕的一代，他們永遠不會對任何人有任何惡的執念。

「他們一方面有著以上的優點但同時有著不同的考驗，雖然他們有著非一般的能力但卻十分容易受到傷害，因為他們對人類有著最單純的愛和體諒，但這往往會被社會上的負性能量、人與人之間的勾心鬥角所傷害。

「因此水晶小孩經常要面對：

「• 恐懼，對自己的負面批評和被別人的憤怒影響。常常被貼標籤為自閉症或亞斯伯格症，所以需要父母或有人照顧他們。

「• 對所有精煉食品、化學加工品和藥物容易過敏。

「• 容易依附上癮的行為，例如嚼口香糖、搖腿、必須聽著音樂（不管睡覺還是清醒）等等。

「• 逃避長大（或許應該說他們願意保留最純淨的一面，而避免成年或生活改變）。

「• 容易有急性的焦慮和驚恐或其他精神健康的問題，但我覺得這些都是因為他們感覺特別敏銳，同時容易被其他的能量干擾，其實只需要學習一些保護自己的能量工作就會容易得多。」素桑把水晶小孩的種種娓娓道來。

「水晶小孩聽起來是很不容易應付，但同時他們擁有療癒並轉化世界的心，究竟這是一個怎麼樣的概念，如果大家的希望只是安穩度日、平安喜樂，水晶小孩可能會給你很多窒息心痛的經驗，但同時他們有一種讓人不能不愛的特質，或許人類不要想著把水晶小孩變成他們口中的『正常人』，因為他們的所謂『不正常』正正就是社會缺乏的愛、寬恕和無懼，若我們能敞開心扉讓水晶小孩帶領這個世界轉化，或許能看到過程中使我們向內轉化的力量。從這三種星際小孩來說，水晶小孩跟瑪雅的情況最為接近，我在研究他們的特徵時發現他們的軌跡十分接近，雖然醫生說瑪雅並沒有自閉症，但瑪雅認為自己是有亞斯伯格症的，只是至今還沒有得到證實。亞斯伯格症現在是歸納為自閉症譜系障礙（ASD）的一種，他們有著相關的心理健康問題症狀，而醫生會稱他們為高功能的自閉症譜系障礙，因為他們的情況輕微很多。這些人的智商、藝術、音樂的天分很高，但在社交技巧上往往遭遇很多問題。他們亦會強逼性地把注意力集中在一個主題上，例如瑪雅曾經對『我是誰』這個問題產生強烈興趣，她會廢寢忘食地看書或資料，也會和心理醫生討論。但我想她是停在發問的階段並沒有開始聆聽答案，當我問她：你願意放下思想跟你自己融合找出答案嗎？她說：『沒有，這不是我要找的答案。』看來她只是沉迷於要找到這個答案的行為上，讓她肆意鑽牛角尖，對真正的答案並不感興趣。關於社交問題，那似乎只發生在一些她沒有辦法選擇的社會情況下才會出現，因為這些孩子似乎可以互相找到對方。他們不喜歡人類的虛假面孔，所以不能忍受學校或一些社會的群體生活，但若他們自己去選擇朋友，他們可以憑一眼、一個感覺就找到同類人。我觀察了很久，有時瑪雅會在一些社交網路認識人，最初我對此抱懷疑態度，畢竟網路詐騙的情況蠻嚴重的，但經過一個、兩個、三個朋友之後，我發覺瑪雅在那裡能找到同類人，他們可能都是水晶小孩，有十分相似的經驗或想法，似乎能互相吸引，這情況十分有趣並帶給我們很大的希望。」素桑接著說。

「最後一個族群就是彩虹小孩（二〇〇〇至二〇二〇年），他們跟靛藍小孩和水晶小孩的最大分別是這是他們第一生成為三維世界的人類，他們沒有過往生的包袱、業障、習性和模式。他們是全新的能量，而他們的任務就是幫助人類揚升，雖然這是看似極其困難的任務，但對永遠正面積極的彩虹小孩來說，他們絕對能勝任。

「他們選擇在快樂的家庭出生。由於他們的任務是愛與和平及揚升，他們對選擇出生家庭非常嚴謹，他們會選擇一個快樂的家庭、穩定的父母、忠心的兄弟姐妹來幫助他們完成任務。

「彩虹小孩的父母很多都是靛藍小孩和水晶小孩，他們比較容易互相明白，靛藍小孩和水晶小孩會為彩虹小孩鋪橋築路，打好基礎給彩虹小孩最好的環境完成任務。

「由於靛藍小孩和水晶小孩是他們的父母，他們自然會繼承靛藍和水晶小孩的能量印記，這些就剛好成為了水晶小孩正向能量的基石。同時也一併接收了他們的超自然力量，而當中他們可以物化他們所需要的一切。他們與生俱來帶有彩虹治療能量，能通過各種的能量治療方式來傳達彩虹能量。

「由於這是他們在地球的第一生，彩虹小孩會積極擁抱生命和新事物，也有強烈的求知欲，因為他們對一切的包容性讓很多人的生命得到啟發。

「彩虹小孩不會被情緒上的創傷羈絆，他們會原諒並繼續前行，因為他們的情感智商很高，不會自怨自艾。

「他們體內男性和女性能量是相互平衡的，因此他們自足快樂，有自信，和擁有超自然能力，甚至可以扭曲時間、隱身和無需依賴食物和睡眠。在嬰孩的時候就可以察覺他們是快樂嬰兒，非常容易照顧，同時對食物不太感興趣，睡得也不多，彷彿他們就是活力的泉源。但這對傳統的父母絕對是不知所措的經歷，因為大家普遍認為小孩要吃東西和睡覺，他們長大後也會選擇為全素食、食生或不太進食。」素桑一邊在腦海搜索一邊說。

當素桑在尋找資料的時候，她記起了兩個完全符合彩虹小孩稱號的小朋友：一個是洛娃的外孫女伽日，另外一個是赫妮（素桑的以色列朋友）的女兒曦瓏。兩個都是人見人愛的小孩，她們的存在本身就能讓人改變，她不需要學習任何方法，只是隨心而活就已經可以影響身邊的人。記得洛娃曾經說過：「看著伽日就明白到真正的不費吹灰之力，她的存在會把人融掉然後讓人重組，把他們這一生最好的一面展示出來。圍繞他們的生命是那麼輕鬆明亮，宇宙的一切都會來成全她。」記得伽日小時候洛娃最喜歡就是坐在一旁看著她，只是觀她的一切就像自己在靜心一般，完全是鏡子的反映。曦瓏跟伽日同樣是彩虹小孩，精挑細選的父母和家庭，明亮清澈的大眼睛，棕色帶綠，笑意盈盈，她可以直接療癒人的心把他們修補好，小小年紀他心通的能力已經表露無為，素桑認為再過幾年這些小朋友帶給地球的改變將會是無量計的。他們不需要老師，不需要證悟，本來如是，隨心而行。或許這就是人類活了幾十億年進化的新高度。

「如果用這三類小孩來比喻，靛藍小孩是開拓者，他們會打破傳統思維模式的框框，然後水晶小孩是建立者，他們會在框架破碎後建立新的模式基礎，然後彩虹小孩將會完成靛藍和水晶小孩的工作，把這個新的模式修正並展示教導給新的人類。這一層一層的遞進根本沒有人可以操縱，只有生命的大能可以展示出這種智慧，這是橫跨幾代人甚至幾十代、幾百代人的進化。素桑想從一開始的時候他們就是高智慧的生命體，但中途出了什麼岔子讓他們停滯、倒退，然後他們加入了一些催化劑讓人再度活躍，從幾百年出一個進化的人到幾十年一兩個、三四個，到一大群、一整代人，現在靛藍小孩、水晶小孩加上彩虹小孩在全世界的數量數以千萬計，而且他們的感染力將會不斷提升其他人，這樣新人類終有一天能夠成為主體。只是希望這一天可以很快在和平的情況下完成。

「除了固有的三種星際小孩，現在有另一批新人類，他們大多年紀比較小，像是十歲以下的孩子，也有大一點點的，他們會直接說出他們來自的星系的記憶。有一些能認出印記，有些能連結星族並與之交談，例如七姐妹星、大角星、天狼星、火星和仙女座星人，他們有些跟星族連結後得到很大的改變。有些能清楚指出轉生成地球人之前他們所居住的星球，也有些曾在好幾個不同的星球居住過。通過他們的闡述，人類可以接收不一樣的資訊，當然主流的科學家對這些訊息還是不屑一顧，但假若人類可以用心來聆聽，並以心的能耐來分析這些資訊，這樣便可以研究、觀察生命所帶給人們向內尋找的力量和方法。人類也許可以放下包袱對未知之事保持開放態度，當大家慢慢感受周圍的變化的時候，你也許會發現接受一個曾經是外星族人的地球人並不是那麼困難。這些新人類帶給人很多衝擊，外太空的技術，拆解人類歷史的真相，別的星族的生活方式，如何可以重新瞭解自己的身體，如何以思維改變DNA和RNA而提升，或是否可以通過寬恕而返回生命原步伐，人類是否真實存在過並通過不斷的相互振動而提升，生命的這一切為的是什麼？

「面對這些新人類的衝擊，我們覺得自己好像一粒米在一個大篩上不斷翻騰滾動，把米殼給篩出來，而在不斷跟其他米撞擊的過程下，我們開始慢慢地蛻變。」素桑不知不覺間跟亞穆娜說了那麼多。

9
冥河的水晶洞

當世界被黑暗吞噬，太陽神「拉」就會在地下搭乘一艘太陽船，在冥河由西向東航行以進行重生之旅。這條河是由歐西里斯（Osiris）掌管的冥河，「拉」會面對凶猛的野獸和混亂之神阿波菲斯所化成的巨蟒，只要擊敗牠們才能再一次從東方重生。在埃及薩卡拉（Saqqara）的原始墓室的壁畫裡也發現了大量象形文字，講述人們死後要經過冥河重生的過程。在一八四二年，德裔埃及學家卡爾．理察．累普濟烏斯（Karl Richard Lepsius）把埃及古代葬禮資料編成埃及《死亡之書》，顛覆了所有人對埃及死亡和重生的認識。

「你們有興趣來一趟沙漠海底之旅嗎？」亞穆娜對著素桑她們幾個女的說。

「當然有，但亞倫和亞密醒來時會見不到我們，外面的車停在這裡安全嗎？」也藍已經清醒並一直聽著素桑和亞穆娜的對話。

「其他人找不到這裡的，就算是天眼無所不能的以色列軍方也找不到，所以都很安全。至於這兩位男士就請他們再多睡一會。」亞穆娜把也藍的疑慮一概解除。

「瑪雅能走嗎？」素桑眼看亞穆娜並指著瑪雅。

「她應該可以走動，沒什麼大礙。」亞穆娜仔細端詳著瑪雅。

「那好！我們可以啟程了！」也藍急不及待地說。

亞穆娜唸唸有詞，雙手分開在周圍畫了一個大圈。

「我剛放了一個隱身保護罩，沒有人能找到這裡，我們在地圖上是消失了的。」亞穆娜說。

「如何能做到？」素桑問。

「解除對這裡的土地記憶，人類就自然沒有辦法探測到。」亞穆娜說。

素桑聽後喃喃自語，不斷重複琢磨亞穆娜剛才說的話。

「保護網容易理解，但要解除土地記憶就不太明白？」素桑說。

「這個從修正人類記憶就可以了。」亞穆娜回答。

「哦！這個很有趣！」素桑聽後好像明白了什麼似的。

也藍卻說：「有點聽不懂了。」

「沒關係，有一天你會明白的。」亞穆娜微笑說。

素桑和也藍走到瑪雅旁看她能否走動。

「我可以。」瑪雅低聲地說。

瑪雅剛開始步履蹣跚，但走了一會後就逐漸平穩。

大家跟著亞穆娜往山洞裡走去。前方漆黑一片，除了亞穆娜能如履平地外，她們只能摸著山洞旁的石頭前行，石頭有時尖銳有時平滑，卻十分冰冷，過沒多久一陣冰冷的濕氣穿越鼻孔，隱約聽到淙淙流水，水聲越來越大，然後亞穆娜停了下來說：「我們要上船，你們要小心，不要掉進水裡，這片河流的水終年在攝氏零度，你一掉進去水就會把任何生物變成石頭。誰也救不了你！」

「這個聽起來倒是有點嚇人，會有危險嗎？」也藍小心翼翼地前進問。

「為何漆黑對你好像沒有什麼影響，這裡漆黑不見盡頭？人在這裡就像寂滅後的孤寂。只是我們在摸黑前行移動！」素桑說得很慢，彷彿在經驗那種孤寂。

「我的眼能夜視，也可穿透物質，所以於我無妨，上了船後兩旁的石頭會發光，到時你們就能多看到一點，其實只要你們不用眼看，也不要恐懼黑暗就能慢慢看到。」亞穆娜說。

「你的意思是用感覺去看？」也藍問。

「不是，是不用粗糙的肉眼看而轉為以精細的非物質眼看，舉凡萬物都有一個粗糙的外相和精細不被外相包裹的微細精神體，這個精神體就是讓眼睛能看、耳能聞的能力，所以你們要放下外相就自然能夠看到最原本的精神體，這包括你們每天生命所見的所有東西，不要小看這個洞察，它能讓你在任何人和環境裡都處之泰然。」

一路無語只聞流水聲，大家隨著亞穆娜的解釋收攝心神，素桑的眼睛漸漸開始看到周圍的景物，原本以為旁邊是岩石山洞卻不知道周圍全是水晶，她感覺自己是個三寸人兒站在無邊水晶宇宙中。這些水晶柱縱橫交錯，大小不一，有些要幾十個人合抱才可以圍繞的晶柱，有些晶柱有幾十公尺高，一條直下橫空出世，大部分的水晶都是白色的，水晶身有些直條紋，也有些是光滑的。素桑感覺水晶的能量直插入心，整個人像接觸到強勁電源並遊走於身體各處，霎時毛髮直豎，這種能量讓人的精神體突然擴大幾十倍，素桑感覺自己再也不是三寸人兒，反而跟水晶山洞高度相當。同時洞內也不再是漆黑一片，反而光亮如白晝，河水是淡綠色，泛起冰冷寒意。前面有一條小船，船身修長，頭尾翹起有點像義大利的威尼斯平底船——貢多拉（Gondola）。在船頭凸出的鋼喙（Ferro）掛著一塊如燈籠大小幻彩發光的晶石，船尾較小的鋼喙（Risso）只呈一個大勾狀並沒有其他配飾。由於素桑看到影像，所以步履也加快了，瑪雅似乎也跟她同步，這麼說可能她也看到了，只有也藍有點落後還在小心翼翼地前進。

「也藍，你不用急，慢慢走，小心前面有一塊比較高的石頭！你跟著我們慢慢走就可以，我們會告訴你路上的狀況，再過幾十公尺我們就會上船，你拉著我們的手便可。瑪雅，你有看到嗎？」素桑跟她們說。

「我進來就已經看到！」瑪雅說。

「你們怎麼看的，我怎麼就只有漆黑一片呢？」也藍問道。

「你或許需要先相信自己！」亞穆娜說了一句。

也藍聽明白了也不作聲，看來這是也藍需要面對的問題。

「我們現在下船，你們一個拉著一個，水流也不急，只是掉下去就有點麻煩。」亞穆娜笑笑說。

素桑跟瑪雅打了個眼色，她先行也藍隨著然後瑪雅殿後，船身遠看時以為是黑色的木頭，現在上船才知道它是一種金屬，黑色光滑如鏡，既不是鐵，也不是銀，不知道是什麼？亞穆娜縱身一跳就上了船，然後素桑三人手拉手小心翼翼地上了船，上船的時候船身出奇的穩定，甚至沒有搖晃，好像並不在水上那種承載重量的感覺。船身並沒有椅子或坐墊所以大家都是站著的，亞穆娜在船頭，一隻手放在船頭的幻彩晶石上，另一隻手放在身後。這個影像素桑覺得很熟悉，不知道在哪裡見過，她們三個人就靜靜地站在船上呼吸著清冷的空氣。船自己開航，亞穆娜沒有船槳也沒有馬達，似乎幻彩晶石就是舵，手放上去就可以操縱前行。

素桑放眼望去是一個看不到盡頭的水晶洞穴，河水映照發出粼粼光影，眼前的水晶不再只是白色的，沿路經過有些是紫色、淡藍色、深綠色、淡綠褐色、橘色、紅色、黑色、黃色，其實有些顏色素桑也沒有見過，根本對不上稱號。這些水晶互相交織了一個巨大的水晶王國，她們在這裡只是一些點綴，有些地方她們要彎身而過避免撞到頭，有些地方的水晶呈現混合七、八、九色，只見它們層層疊疊混為一體，卻又大小不一。當素桑還在欣賞的時候突然聽到也藍大聲說道：「哇！好大好漂亮的水晶，好美的顏色，我們在什麼地方？」

「哦！你能看到了嗎？真的很神奇對嗎？」素桑對也藍說。

也藍把眼睛睜得大大的，巴不得把一切盡收眼底。瑪雅看著前方的神情也是帶點興奮，褐色帶點淡綠的瞳孔在波光水影中放大。只是眼前這個影像為什麼覺得那麼熟悉，在哪裡見過？素桑不停在想。

「這就是人類口中的冥河，在你們的書上記載是人死後通往陰間的通道！」亞穆娜說。

「對了！難怪這條船的感覺那麼熟悉，這就是埃及神『拉』進入冥界準備重生過程所必經之路……當世界被黑暗吞噬，太陽神『拉』就會在地下搭乘一艘太陽船，在冥河由西向東航行以進行重生之旅。這條河是由歐西里斯掌管的冥河，『拉』會面對凶猛的野獸和混亂之神阿波菲斯所化成的巨蟒，只要擊敗牠們才能再一次從東方重生。在埃及薩卡拉的原始墓室的壁畫裡也發現了大量象形文字，講述人們死後要經過冥河重生的過程。在一八四二年，德裔埃及學家卡爾·理察·累普濟烏斯把埃及古代葬禮資料編成埃及《死亡之書》，顚覆了所有人對埃及死亡和重生的認識。他亦發現這些象形文字也是擁有魔法和咒語的地圖，帶領人在死後渡過冥河，面對怪獸、巨蟒，經過四十二位裁判的審理和兩個眞理的殿堂（一個把人的心跟輕如羽毛的眞理互相秤重的地方，只要人的心沒有做過壞事才能跟羽毛平衡，如果心太重就會被嚴刑懲罰。），只有順利通過了殿堂才能重生。

「其實古希臘神話也有關於冥府黑帝斯（Hades）和冥河的神話，而冥河還有五條，這些河流之名同樣在眞實世界和神話世界出現，這幾條河是斯提克斯河（Styx）、阿刻戎河（Acheron）、勒忒河（Lethe）、弗萊格桑河（Phlegethon）、克塞特斯河（Cocytus），還有冥界的描述和冥王、地獄、懲罰、水仙平原（爲普通非大奸大惡，也非聖賢之士的普通人居所），然後就有至福樂土（Elysium），這些都是古希臘神話所包含的死亡之後的經歷，經過猛獸、審判然後以新生命回到陽間，世界很多地方的死後神話都有雷同之處。但現在看來這並不是通往陰間的通道，或許說這是通往另一個維度的門戶。」素桑越說越興奮。

「是的，這些地下海洋，是由太陽系的高溫內部物質所形成，從大概四十五億年前地球剛形成時就已經存在，亦有隕石從外太空進入地球時帶進來的。如果從科學的角度來說，這些組成地球的礦石內含豐富的氫，遇上氧後就會形成海洋，有一些從外太空來的隕石也有相同的組合，如果它們降落在地球也會形成水，只是地球本身並不需要這些隕石帶來的水，地球內部的水是自足的。」亞穆娜說。

「我們一直都知道有地下水，在我們居住的南部沙漠地帶所用的都是地下水，只是沒有想過地下水有那麼多？」也藍接著說。

「對呀！我之前也看過一些報導關於地球海洋如何形成的知識。那些報導說科學家、地質學家都不停在尋找地球的水是怎樣形成的，經過很多年的爭論才證明出地球的水是在地球形成時已經存在，而不是靠隕石帶來的。Centre de Recherches Petrographiques et Geochimiques（簡稱CRPG）的一名研究員及作者勞里特．皮亞尼（Laurette Piani）在一篇文章裡曾經提出：『在我們的研究中發現，地球的構造塊可能對地球的水做出了重大貢獻。在地球形成時的岩石裡找到跟太陽系內部一樣的氫物質，即使溫度太高而使水無法凝結。他們在一種名為頑火輝石球粒隕石（enstatite chondrite）裡找到含有足夠的氫，它們能運送地球所含水量的三倍甚至更多。頑火輝石球粒隕石的合成物質是由內太陽系而來，亦是組成地球的相同物質。』這個研究是跟在聖路易斯華盛頓大學藝術與科學學院的後博士研究院生萊昂內爾・瓦歇爾（Lionel Vacher）一起研究的，這研究最有趣的部分是頑火輝石球粒隕石一直被認為是完全乾燥的，卻原來含有豐富水分。這些研究其實也是經過不同的科技和年代資訊才得出的結果，以往一直認為地球的水是由隕石帶來的，今天經你一說又接近瞭解眞相多一點。」素桑說的時候不斷打量前面的河水。她覺得這些水的密度比較高，也就是說水好像比較稠，跟平日在地面見到的不一樣。

「你們用的只是地底表皮下的水，不是這些億萬年的源水！這些水是地球的源生水，對地球和你們身體的修復有著極重要的關係，所以一定要小心保護。」亞穆娜帶點嚴肅地對也藍說。

「你的意思是最好不要被人類發現，免得被掏空拿去賺取暴利！」素桑直接就說出重點。

「人類喝了這些水可以起死回生嗎？」也藍帶笑地問。

「這些水不能喝，只能用吸收能量的方法吸進去，喝了反而會讓身體負荷不來。源水就是地球生成時，源頭能量經過宇宙的物化而出現的，每個星球都有著這些源生能量，儘管你們的科學家檢測出來，那只是一個乾枯的星球，這些源生能量還是存在的。有些以水的形式，有些以乙太，有些以光，有些以土地，也有些以該星球的礦石吸收的精華。有些還可以活動像是有生命的……假如這些被破壞，那個星球就眞的會面臨死亡狀態。要等待它們完全修復星球才會重生，但這將會需要很久的時間。還好地球的這片地下海洋人類是無法找到的。」亞穆娜慢慢說。

「為什麼無法找到？」素桑十分關心這問題。心想千萬不要讓人類找到，最好一億萬分之一的機會都不要有。

「因為這些水會移動的，它們會遊走於不同地方，需要的時候會增建河道，沒有需要時可以縮減一點。但基本上一直沒有人知道它的存在，所以它用這個海洋形式出現了好幾十億年了！」亞穆娜繼續說。

「你的意思是它們是有智慧的生命體！」素桑急不及待地說。

「哎！一切都是有智慧的生命體，只是你們沒有察覺罷了！」亞穆娜嘆了口氣說。

素桑看著水影很有衝動去碰一下水，只是不想變成化石所以沒有伸手。

「這條河會一直到哪裡？」也藍問。

「這條河會從內蓋夫沙漠，往西走跟撒哈拉沙漠下的海洋連接再往非洲。現在你們見到的只是其中一條，將會跟撒哈拉沙漠下的海洋匯聚成另一條河流。」亞穆娜站在船頭輕鬆地說。

「這是橫跨了好幾個國家的河流和海洋，撒哈拉沙漠地下是海洋？」也藍不禁失聲道。

「是的！」亞穆娜答道。

素桑在聽著她們對話的時候一直看著在河流旁的水晶，感覺它們是有思想、有生命的，對於這點素桑並不覺得奇怪，畢竟汐卡在地底星族的時候也碰見過以粉紅晶石所建的亞爾達特星族（詳見《我們都是星族人0》，第四章），但現在的這些晶石本身就是生命體，當然對一個十分喜歡水晶的素桑來說，這也是理所當然的。

「水晶一詞來自希臘是冰的意思，因為它晶瑩剔透就像永遠不會融化的冰。我想你們都知道晶石是可以跟人類或一切有靈生物溝通的，它可以儲存能量，有記憶，也可以改變周圍磁牆保護我們，在人類有歷史開始，晶石一直都佔有很重要的地位。好些年前有地質學家在墨西哥的奈卡（Naica）契瓦瓦（Chihuahua）地區發現了一個很大的地底水晶洞穴（Cueva de los Cristales，Cave of Crystals），我想跟現在我們看到的有點相似。水晶洞是在地底三百公尺以下，常年在攝氏五十七度，濕度百分之九十的地方，當年他們找到那個水晶洞的時候所有水晶還是浸在熱水裡的，因為它們還在生長。那個地方很危險，普通人不能在那裡停留超過二十分鐘，不然身體的機能會衰退並致命，還好現在這裡並沒有那麼熱。」素桑對面前這一切十分感興趣。

「你們可知最古老的護身符是波羅的海琥珀，其中一些可以追溯到三萬年前，而一萬年前的琥珀珠就是在英國找到，那是對上一個冰河時期的時候。在四千年前的西奈半島就已經有孔雀石礦。根據歷史參考，最早使用晶石的民族是蘇美人，而埃及人、中國人也是使用晶石的高手，他們除了用來佩戴外，在祭祀、醫藥、護身符、辟邪，魔法晶石都是不可或缺的。埃及人喜用青金石、綠松石、紅玉、祖母綠和白水晶，他們喜歡粗的眼線，於是發明了用鉛礦石磨成粉用來畫在眼上，這就是稱為Kohl的眼線。埃及皇后克麗奧佩脫拉就會用青金石磨成粉做眼影。而圖坦卡門的死亡面具中，就在眼部周圍和眉毛使用了青金石，同時這也是他們製造護身符的材料。

「文藝復興時期歐洲畫家米開朗基羅在梵蒂岡西斯汀教堂所畫的《最後審判》，和喬凡尼・巴蒂斯塔・薩爾維・達・薩素費拉托在《聖母在祈禱中》所用的藍色顏料也是用青金石磨成粉調拌而成的，他們所使用的青金石是來自阿富汗的巴達赫尚地區出產的 Sar-i-Sang 青金石礦，已經開採了七千年，到現在仍然是活躍的，是世界上最古老的礦山之一。青金石的深藍石頭中間偶然出現的點點金色，就像黑夜的星空出現的光芒。另外一種不得不提的礦石就是綠松石，它們在六千年前已經被開採，而三千年前埃及人開採的西奈半島綠松石礦到今天還是有出產的，雖然產量已經大減。埃及人善用晶石，除了作為護身符、配飾，還用來入藥和用作化妝品，他們對晶石的豐富知識現代人望塵莫及。

「中國人喜用玉，而玉有很多種，有些溫潤清朗、色澤均勻是稀世奇珍，有些則可以吸收人的神髓變成通靈古玉（其實所有晶石都有此能耐，只是發放能量的強弱不同，這也要對應使用的人）。玉有分軟玉和硬玉，廣義來說白英石和白雲石也被稱為玉。玉的顏色有淡紫、白色、黃色、黑色、橙色、粉紅色，而最受人喜愛的是一種均勻的翠綠顏色稱為帝皇玉。綠色是由玉石內的鉻雜質所形成的。古人認為玉可以帶來永生，也可以驅逐邪靈和保存屍體不會腐化，所以在漢代皇室的葬禮服是用金線把玉片縫起來的。

「《黃帝內經》裡早就提過五色對應身體的臟腑，青色通肝，赤色通心，白色通肺，黑色通腎，雖然現代醫學的研究裡發現有點不一樣，但大致關於玉石對人體的益處是相同的。古代馬雅人的卡拉克穆爾死亡面具也是選用玉。這個在西元六六〇年至七五〇年製造的玉面具，已經有一千兩百多年的歷史。所有的晶石對人體之所以重要是因為它們內含的微元素，和它們所發放出來的波頻對人類細胞的影響，每種晶石的微元素和波頻不同，所以能對應不同人、不同生命歷程的需要。」素桑發覺只要說起晶石彷彿就可以滔滔不絕地說上幾個小時，只是覺得在如此寂靜的水道裡說話的聲音太吵，覺得自己有點厭煩就閉上了嘴。

「你為什麼停了下來？繼續說呀！我正聽得津津有味！」也藍第一個說。

「我覺得自己說話的聲音在這幽靜的地下洞穴裡太吵了，所以就停了。」素桑回答。

「我倒是覺得你聲音的頻率跟這裡的水晶互相撞擊出來的聲音特別好聽，跟水流聲彷彿融和在一起，而且我對人類的這段歷史也很有興趣！」說話的竟然是亞穆娜。

「晶石在宗教、靈性和新時代的層面都佔上很重要的角色。印第安人的祭司會佩戴白水晶，他們也會放七塊大水晶柱在河流內作為潔淨沐浴之用，他們每天也會跟在家的水晶溝通，猶太大祭司的胸牌有十二塊寶石，他們有特定的位置安排也有特別的含義，在《出埃及記》28：12-17『你們要用四排石塊固定它；第一行紅寶石、祖母綠和黃玉。第二行：石榴石、藍寶石、白水晶。第三行：風信子石（橘紅色）、瑪瑙和紫水晶。第四行：綠泥石／橄欖石、縞瑪瑙和蛋白石，這些石頭要鑲嵌在黃金裡。晶石上有十二個以色列族的名字。❶』但究竟這塊胸牌有什麼用卻眾說紛紜，有人說是代表十二個族群合而為一就是以色列，也有朋友說我們所用的平板電腦也是模仿這塊胸牌而造的。在過去三、四十年晶石已經成為人們生活的一部分點綴，無論是飾物還是家中的擺設、桌上的水晶燈，或用來冥想、清洗脈輪、水晶按摩或晶石香油噴霧，各適其適。今天晶石已經變成一種商品而且大部分都是廉價物品。在過分開採的情況下，真正好的晶石已經不復見，這也是現代人的悲哀！」素桑唏噓地說。

「但今天在這條地底河所見到的晶石洞卻不一樣，我感覺他們是像人一樣的生物，我聽到他們所傳遞的頻率。」素桑邊看邊研究這些水晶。

「我也有同感！我聽到他們的聲音和看到屬於他們的光頻。只有生物才會見到光頻。」瑪雅附和著。

「好啦！水晶朋友現身吧！為她們解開這個謎吧！」亞穆娜說。

註釋：

❶ According to Exodus 28:12-17, "And you shall set it with four rows of mounted stones; the first row; a ruby, an emerald and a topaz. The second row: a carbuncle, a sapphire, and a quartz crystal. The third row: a jacinth, an agate, and an amethyst. The fourth row: a chrysolite, an onyx and an opal. These stones shall be placed in gold settings. The stones shall contain the names of the twelve children of Israel, one for each of the twelve stones; each one's name shall be engraved as on a signet ring to represent the twelve tribes."?

10

麥田圈的能量場螢幕

素桑心裡想，生命之花就是這個地球的基本建構，很明顯圖形相交之處的這些地方就是能量樞紐，有時候不只是土地的能量線，也可以是天空、樹木和水的，難道不同的圖形就是內外地球曾經出現的能量印照？

亞穆娜的聲音還在洞穴裡迴盪著，流水潺潺，素桑突然看到眼前的水晶山洞慢慢地分開，形成不同形狀、大小的水晶，他們有些透明如冰，有些則是奶白色，或有雲彩，或點與線，或紋理，也有些裡面呈霧狀，但他們分開後身體的中心位置像有個燈泡一樣亮著，整個山洞被這些水晶照耀得滿洞生光，映照在河水上，看到清澈的河床也是亮晶晶的，大家被這突如其來的影像吸引著。這些水晶可以走上去，他們並不是硬邦邦的，素桑伸手觸摸他們發覺就像軟糖，硬中帶軟還有一種柔韌性。

「朋友！你們好！我們是地球建成就已經存在的晶族，我們是跟著地球成長，由宇宙爆炸開始一直吸收著宇宙的原始能量，再加上隕石撞擊帶來的生命體而形成。我們本來沒有名字，但你們的祖先叫我們『莎伊菲菲』，意思是凝固的水。

「以前的我們是流動的，既可凝固也可成水，後來慢慢就演變成像凝固的石頭。我們遍佈在地球的地底，也是供給地球人穩定的微元素和頻譜，讓地球人的身體和生物能得以通過我們來吸收他們無法從食物、空氣和水裡需要的宇宙物質。

「尤其是當恆星軌跡改變或太陽黑子或遠處的星球生滅，這些在地球人眼裡都是遙不可及的問題，但在宇宙裡發生的任何一件事跟大家都是息息相關的，我們就是你們的橋樑。」其中一個湖水藍色的莎伊菲菲回答素桑。

「現在的地球人十分熱愛收藏原水晶或它們的掛飾，這樣做會不會損害你們？」也藍對他們十分關心。

「雖然我們是一體的，但被割去的水晶就像一根已斷的手指，我們有能力重生，斷去的會維持一點點的能力和原初石頭記憶，只有重新連結才可以得到更多關於這塊水晶的訊息。當然如果人類當中有一些像祭司、巫師、晶石解讀人，能跟我們溝通的就可以通過斷去的部分跟我們整族溝通，當然這種人在人類的歷史上很少。

「但對我們最大的損壞是進行地底核輻射或比核輻射破壞性更強的實驗，這樣會把本體毒死。同時核輻射對土壤、水和空氣的毀滅性污染是需要很長時間才能清理的，這些都會直接影響我們。」一簇粉紫色的莎伊菲菲說。

大家聽後無語，只聽到船在水上流動的聲音，因為這些在地球已經不斷發生！

過了一會素桑問：「我想知道關於雷姆利亞水晶，它們有何特別之處？」船依舊往前行，但船走到哪裡，那裡的莎伊菲菲就會回答。

「雷姆利亞水晶不是我們一族的，它們是雷姆利亞大陸的人培植出來的，它們跟莎伊菲菲有著十分相似的礦物成分、光譜、微元素甚至頻率，但它們是從實驗室出來的，作用是幫助擴大發放特殊頻率，用作修復、建築、戰爭甚至和不同星族溝通之用，它們也可以當作記憶晶片儲存很多資料，如果以單一水晶來計算，它們的水晶儲存容量比莎伊菲菲還要多，當然它們不是有生命的，只是一種工具。」回答的是一塊灰黑色的莎伊菲菲。

「那麼除了雷姆利亞水晶，亞特蘭提斯的水晶可能也一樣！」素桑聽後有點不能相信地說。

「對呀！亞特蘭提斯的水晶同樣是工具，但他們被加進了生物的DNA。」另一塊黃色透明的莎伊菲菲回答的時候，聲音越來越遠。

「你的意思是亞特蘭提斯的水晶是生物？」素桑很有興趣地聽。

「是的，他們經過改造之後是有意識的。」另一塊莎伊菲菲說。

素桑想下次再到亞特蘭提斯的時候，一定要問一下關於水晶的問題。

此時船的速度越來越快，有點飛起的感覺，回望那些莎伊菲菲在笑著用閃燈的形式跟她們道別，那些光很快就縮成一點。瑪雅突然說了一句：「這船在水面飛起了，你們看前面有一個很大的倒掛金字塔！」

「猜到你們在哪裡了吧！」亞穆娜頑皮地說。

大家隨著瑪雅的聲音看去，當然瑪雅的所謂前面，還是很遠很遠的一個點，只是現在船飛起來速度就快多了，她們飛離開了水晶洞，眼看前面就是一片汪洋，然後就見到這個倒掛金字塔懸空在那裡！

素桑目不轉睛地看著心想：「哇塞！這是金字塔的下方，上下兩個金字塔，那麼下面不就是渦流和星門！」

想時遲，船飛得比想還快，她們一下子就鑽進去金字塔頂下方形成的渦流，大家蹲下來抓著船身任何抓得住的東西。一進入渦流，一下子天旋地轉，但剎那間船身已然平穩，時間好像靜止了，所有的一切好像在沒有重力下浮升了起來，包括她們的身體，素桑感覺什麼也抓不到，身體就像斷了線的風箏，只是沒有風沒有被吹走，正想看看瑪雅和也藍，但連抬眼的機會都沒有，大家就穿過這個渦流了。

亞穆娜還是佇立在船頭絲毫未動，素桑看一看瑪雅和也藍，瑪雅的嘴角帶著笑意，看來十分享受這次旅程，也藍還是蹲在那裡抓著船身，但神色已經緩和了許多。素桑腦海還飄過剛才的倒掛金字塔，但一看眼前的景物，心潮澎湃，把剛才的金字塔忘得一乾二淨。因為這裡也有一個跟地球差不多一模一樣的金字塔群，只是更完整，泛藍的石頭頂石也安在，同樣的佈局，不難想像是相同的人建造的。

只是現在所有影像都是倒轉過來的，除了金字塔，其他的地方卻是一個超高科技與自然環境相結合的城市。這裡顯然不是埃及，只是一切突如其來，素桑還沒能整理好思維。亞穆娜控制正在飛的小船轉了個一百八十度，這樣她們跟景物終於是同一方向。

素桑心裡問題連連：「這裡是埃及的底部，剛才她們在地下海時不是已經有一個倒掛金字塔嗎？那個是地表地球金字塔的底部，那麼這個是什麼？同一個組合！這裡很大根本看不到盡頭，又或許這是一個很大的城市。」

還有，這裡有很多不同星族的人居住，素桑見到很多金髮黑皮膚的人，也有一些後腦拉長像埃及壁畫裡的人，也有全身透明泛著藍光的和身體高瘦修長、四肢像義大利麵一樣的星人，還有很多只是一時素桑還沒有機會看清楚。

瑪雅對這裡非常喜歡地說：「可以像剛才那樣倒過來嗎？那樣看太有趣了，而且這樣對我的頭特別舒服！」

「可以呀！你離開這艘船就會自動倒向，船的金屬有反磁作用，讓我們可以不受這裡的磁場影響。」亞穆娜對瑪雅說。

瑪雅二話不說就走出小船，只見她一下子就被一種力量反轉了，她還高興地哈哈大笑，她還說：「這樣看的世界很不一樣。」

「猜得到這是什麼地方嗎？」亞穆娜問大家。

「如果我沒有去過地心，我一定會認為這裡是地心，但既然不是，那我只能說這裡是地心與地面之間的一個空間，因為我們應該還在地球的？只是這裡有很多人形的星族人，像是星族人的聚居地。」素桑對這個地方十分有興趣。

看著這個地方，高聳入雲的尖頂建築物所用的物料是黑色的金屬，在陽光下閃爍耀眼，高速懸浮的火車、蛋形的汽車在天空飛翔，也有很多圓頂和不規則的建築有滑亮的石頭，粗糙的莎伊菲菲，有些像是紙摺疊建築。最特別是建築物的排列，好像是跟著一些圖形排序的建築物，亞穆娜似乎有意帶她們認識這個內地球，她駕駛著小船在天空遨遊，瑪雅拉著一根繩子跟在後面。

這個城市也有很多樹木，還有草地和湖泊。然後小船一直飛，素桑不知道方向，只是遠處又看到有金字塔群，隱約是梯形金字塔。只見亞穆娜繞了一個圈回來，看來她不打算繼續飛，她們停在城市中心的一個湖上並把瑪雅拉回來，不然她會直接下水。

「這裡是星族地下之城？」也藍問。

「這是內地球，跟外地球差不多同時興建而成的。內地球既是三維世界又是多維度空間，也已經能夠接觸並前往不同的星族。這裡跟外地球是相連的，但它們像一對從未見過的姐妹，既像平衡空間但也不全是。你們認識的平衡宇宙是這樣一個的世界，它是相同的存在於另一個維度，那裡的人會有不同的生命和選擇，或許是有另一個你在別的空間做著不同的事，過著不同的生活。但外地球和內地球各自成一體，有自己的世界觀，跟表面地球人並沒有相交點，它們的共通點是，其他造訪過外地球的星族也同時在這裡生活。

「億萬年前，內地球本身並沒有原居民，這本來是一個隱蔽的自給自足的肥沃樂土，就像應許之地。後來到訪外地球的星族人也發現了這裡，並將他們在外地球的建築用反地磁技術在這裡也興建相同的建築，目的是讓外地球能通過內地球本身多維度的特質來提升，像金字塔建築就可以抽取兩面渦流的能量打開星門，或轉移這個能量做別的用途，而且是連接內外地球的一個方法。

「後來地球發生過很多毀滅性的情況，隕石、洪水、火山爆發、核子戰爭讓很多當時的星族人死亡和離去，也有一些轉到內地球繼續生活，把生命的知識延續，發展這個地方。」亞穆娜解釋給她們聽。

「你的意思是在地球的這一部分是沒有地球人在居住，只有星族人聚居？他們還是當年留下來的星族，還是不斷有新的星族人來？這一部分還是銀河聯盟在管治嗎？他們住在這裡跟現在地球的狀況有沒有關係？」素桑稍一定神後問題如連珠炮發。

「（一）是銀河聯盟加上宇宙大同輪，因為銀河聯盟管治的是三維世界銀河系裡的星球，有些星球只有一個維度，而有些星球就可以同時存在於不同維度，在這小小的地球中還有著別的維度空間。現在這個空間的存在方式是用你能明白的顯示方式，為的是傳達某種訊息，你所見到的一切，因為沒有三維世界的密度和時間，所以能存在於任何境況和空間裡。（二）這個地方不斷有新的星族人來訪，但他們都是得到允許的。（三）內地球是跟地球最直接交流的方法之一，銀河聯盟和宇宙大同輪希望用不同的方法幫助地球過渡。」亞穆娜說。

「但這確實在內地球存在了億萬年？」素桑像問也像在自言自語，但也一直在思索一些她還沒有形象化的問題。

「假設我接受你對這個維度的解釋，那我們在這裡的目的是什麼？我覺得你不會平白帶我們來遊花園。」素桑沒好氣地問。

亞穆娜的船演變成四塊小板，每人腳底都有一塊，她示意她們往岸上走也請瑪雅轉過頭來，「你們有看到嗎？整個城市的地下能量線呈現出一些圖案，剛開始像生命之花而且還會開合，應該說這城好像是整個不斷延伸的生命之花！但它們不斷在演變，不知道在變成什麼？」

突然瑪雅對著她們大喊！

瑪雅這麼一喊打亂了素桑的思緒，於是跟著能量線的脈絡看，果然看到生命之花的圖案，可是慢慢就轉變成另一個能量線圖像，卻未能看得很清楚。生命之花圖案的特別之處是它屬於神聖幾何學，是建構宇宙的基礎模塊，但地球現在使用的生命之花圖案是有扭曲的，也不是最完整的。

地球一直沿用的生命之花由一個圓形開始，然後兩個圓形組成兩頭尖的橢圓形雙圓光輪（vesica piscis），再加六個圈的時候便成為生命種子，直到十九個互相重疊相互連接的圓形組成後就會形成生命之花，它可以不斷擴大、重組或縮小，但仍然是以十九個圓為一組生命之花。

她一早就知道需要接收新的生命之花，只是一直沒有收到。至於另一個轉變的圖案就不同，素桑突然想起那個圖案，好像在麥田圈見過。圓形裡面有五片三角葉形的圖案，每一個的底部突出的位置會連接中間的五角形，然後又轉到三個品字形的同心圓，中間有一個三角形，外格子有個小三角。

這些在地上的能量圖，其實並不容易看，素桑能看到只是因為她曾經對麥田圈產生濃厚興趣，也不時追蹤它們的出現，才能認出幾個來。有時候她也會接收到這些麥田圈的解釋和如何運用它們，素桑覺得麥田圈的出現絕對不是偶然，每一個出現都有著背後的原因，亦反映出當時世界的狀態，只是鮮少有人跟她討論。

素桑心裡想，生命之花就是這個地球的基本建構，很明顯圖形相交之處的這些地方就是能量樞紐，有時候不只是土地的能量線，也可以是天空、樹木和水的，難道不同的圖形就是內外地球曾經出現的能量印照？這跟外地球的麥田圈難道有關係？這幾十年來地球人對麥田圈有著多方揣測，有說是人為的，當然也有說是天外來客給人類的訊息。

麥田圈往往是晚上出現然後在早上被人發現的，而且大都出現在路邊、人口密度中等之城市和在有特別能量區，如文化遺產古蹟巨石陣（Stonehenge）和埃夫伯里石圈（Avebury Stone Circle）附近的地方，同時它們每年都會在相同的地方出現。二〇〇三年在英國所出現的麥田圈裡，有超過半數出現在埃夫伯里石圈的十五公里半徑內。雖說世界上不同地方都曾經出現過麥田圈，但自上世紀七〇年代開始，在英國南部的威爾特郡、牛津郡、薩默塞特郡和格洛斯特郡就是最先出現麥田圈的地方。

一九九一年在英國南部安普敦有兩個人：道格．鮑爾（Doug Bower）和戴夫．喬利（Dave Chorley）承認自一九七〇年代後期，他們用木板和繩索製造了兩百多個麥田圈，他們最初的靈感來自一九六六年在澳大利亞昆士蘭州塔利（Tully）附近不明飛行物目擊者的描述，據稱其中一架飛碟降落在潟湖，並把湖中的蘆葦叢壓扁。當越來越多人和媒體討論麥田圈，鮑爾和喬利的建造模式也越來越複雜，他們認為能混淆研究麥田圈的人讓他們很高興。

但很多麥田圈的愛好者認為，人為和眞正的麥田圈有著天壤之別，那些自然出現的無論圖案有多複雜，那些圓形、直線、垂直角度、複雜的陰陽色圖案是完美的，沒有絲毫拖泥帶水或線條不勻，壓下草的力量是均勻的。同時很多人曾經報導過，在剛形成不久的麥田圈裡往往會發現那裡的磁場很特別，手機、電器不能用，有些人躺在麥草上會感覺陣陣電流流遍全身。至於人為的相形之下就變得十分粗糙，圓不成圓、方不成方、直線不直等，當然也不會感覺有特別的磁場。

當素桑現在看到這些圖形時，她心想：「難道眞的是內外地球相通所以有如此能量印記？但這圖案是否眞的如我之前所得到的訊息，是反映當時地球的狀態，或解決問題的方法，或是一個證明星族人跟我們溝通的方法？我之前接收過關於麥田圈的訊息，包括以圖像幫助消滅病毒、觀察世界形勢、連接蟲洞，或有新星誕生，有時是給予希望和愛，也有告訴我們接觸星族的方法、地球在太陽系的情況和地球當時需要注意的事情。」

「你心裡想的已經八九不離十。」亞穆娜看著素桑說。

「你是說這眞的是星族人給我們關於地球、療癒地球和跟星族溝通的訊息！只是一直以來我們都以為是從外太空不知道以什麼方法把圖像弄在麥田圈，斷然沒有想過是從內地球發放出來！那這是怎麼做出來的？」這個世紀問題素桑覺得自己不能不問。

「簡單來說就像你們的電腦成像，只是這裡用的六維原質子、等離子的科技把這個成像放在特定的螢幕，就是這些處於特殊能量交接點的土地，它們可以改變磁場甚至地理環境，並突破三維空間讓其進入其他維度再凝結，這樣成像就自然會從內地球烙印在外地球的土地上。

「其實這些並不是始於七〇年代，它們的歷史可以追溯到大概二十萬年前，那時的星族地球人就已經懂得依據這些成像而瞭解地球所出現或將會出現的狀況，這也是內外地球可以互相溝通的方法之一。當然這些成像在當時地球還未被破壞的能量線和交界點上出現，現在還剩下的螢幕已經不多了。你們要知道，內外地球雖說是在一個地球內，但其實等同兩個星球。」亞穆娜解釋。

「我明白你的說法，可是實際如何做成我還是沒有具體的想法，因為我看地球並沒有如此先進的機器。」素桑想了一想說。

「不是說星族人大多能讀懂我們的思想嗎？為何還要用這個方法？」也藍一邊聽一邊

興致勃勃地加進來討論。

「星族人能讀懂你，可是你們聽不到答案，也不夠專注知道事情的輕重緩急。這個方法是大概一萬二千六百年前，在這個文明的斷層時，你們的科技和理解能力突然回到小學程度，根本沒有辦法自動接收訊息，於是多個星族聯盟想出用這個方法給地球啟示。

「或許二十萬年前這些麥田圈圖案就像你們每天所讀的電子報紙，那時每個生物都可以讀懂這些訊息，只是這份電子日報是在地上，也在天空。而當人類在一萬兩千六百年前到六千年前的文明斷層出現時，星族聯盟就決定繼續用這個方法來通知地球上的不同星族人正在面臨的境況。所以地球人讀不懂，還是有其他居住在地球的星族能讀懂的。」亞穆娜看著前方說。

「希望真的有人能讀懂！讀懂了也要有人相信才行！」素桑說。

「地球很多國家的星族地球人都已經讀懂了，只是媒體和普羅大眾還被蒙在鼓裡！只要克力亞多在還有什麼會讀不懂！」亞穆娜笑笑說。

「克力亞多就是你們那個留在地球的族人！」素桑帶點詢問的語氣。

亞穆娜只是微笑沒有正面回答。

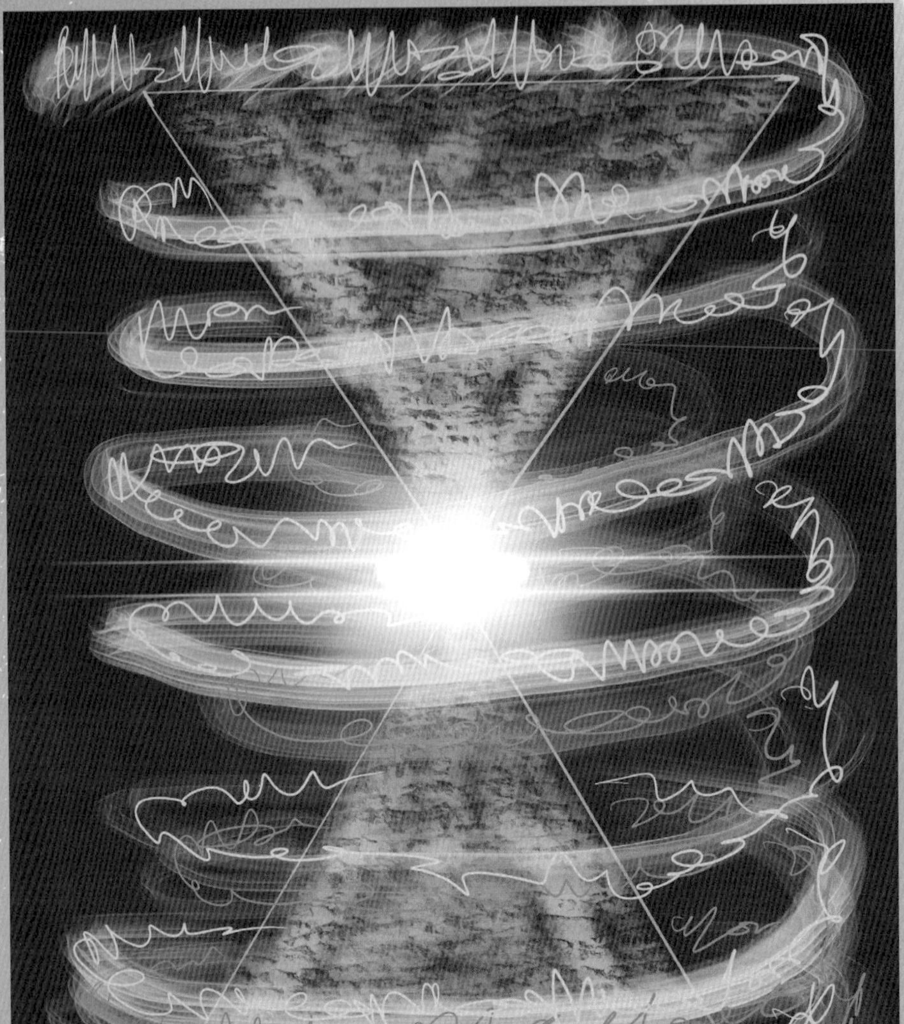

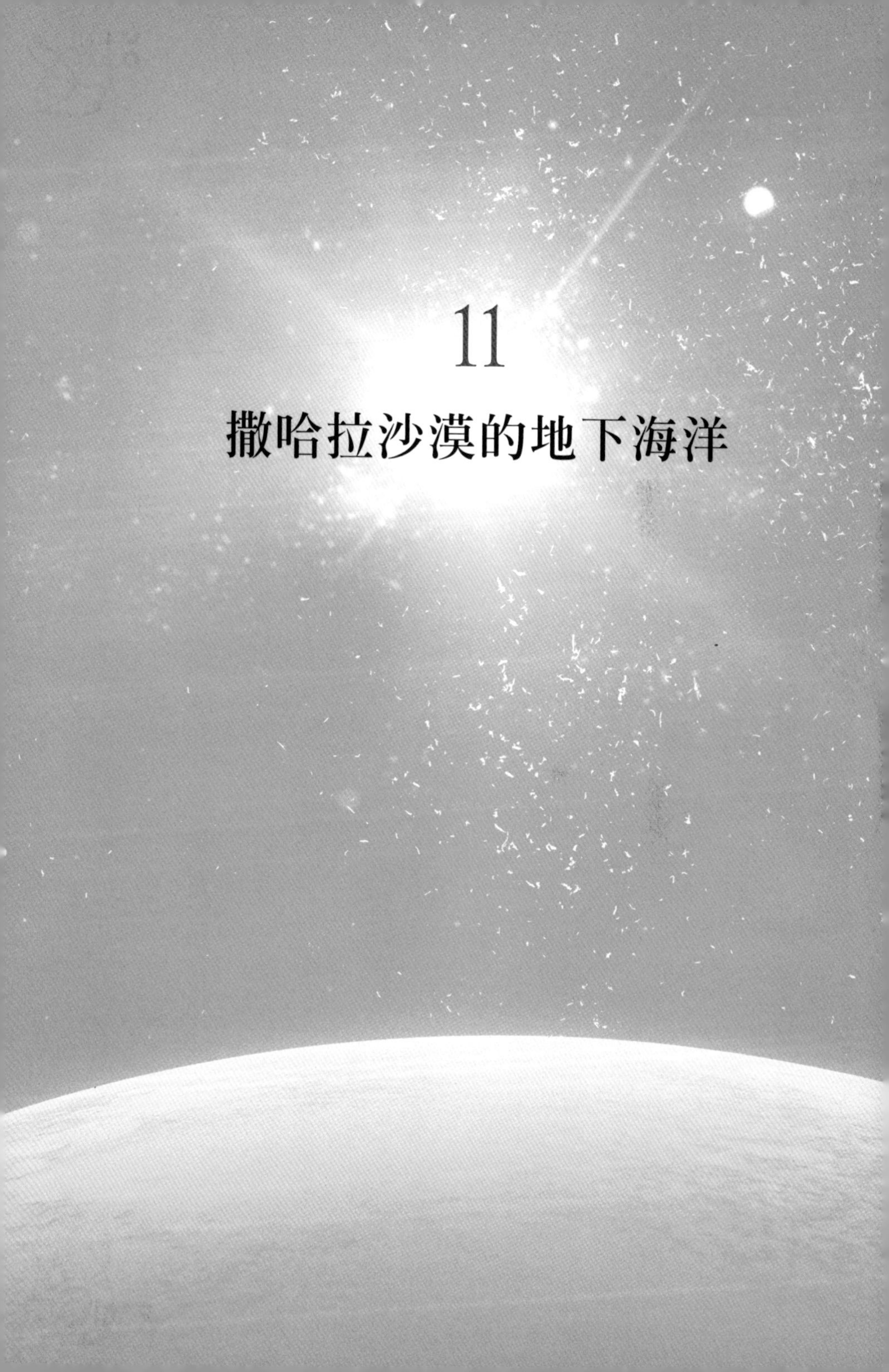

11

撒哈拉沙漠的地下海洋

由於現在各國陷入這個病毒危機，所以現在是最好的時機讓光能量滲入人的心裡植根。讓光代替黑暗、恐懼和死亡，讓人類回歸自然心性。

小船演變成四塊小板，每人腳底都有一塊，亞穆娜示意她們往岸上走，也請瑪雅轉過頭來，然後踩在反地磁板向前滑去，也示意她們跟著前往。瑪雅一馬當先就像平常玩滑板或直排輪一樣，素桑和也藍也盡力追上，只是剛開始的時候保持身體的平衡有點難度，但這個東西只要習慣了其實比溜冰更簡單，至少不會滑倒在地上。

前面是高樓大廈，一下子就回到一個很先進的世界，大家左右飛翔穿梭在城市中，簡直就在太空樂園。瑪雅盡情享受翱翔的樂趣，素桑和也藍也開始享受，眼見亞穆娜飛進一個像鬧市中的公園，綠草如茵，也有個大水池，還有射箭場和一個像養馬的馬廄，只是不知道裡面養的是不是馬。

最終她們在一個水晶房子停下來，整塊天然的白水晶門從地上升起，穿過地面斜斜地插在那裡，而水晶後面是一個很大的米白色建築，物料像石頭，並不像大理石或花崗岩，只是表面很滑亮冰冷，但感覺卻很溫柔。當素桑和也藍停下來的時候大門已經打開，兩個全身呈現幻彩透明並頂著一頭淺紫色頭髮的人形星人出現，他們向亞穆娜和大家行禮，然後帶她們走進這個地方。它的內部樓底很高，因為用的是中空設計，天花板中間有一個很大的天窗，陽光投射進來泛起柔和的彩光，從旁邊的樓層看來大概有四、五層高。

她們站在天窗下，一道光芒把她們帶到頂層，原來這是一部光速電梯，前面是一道白色並鑲嵌了不同顏色晶石的雙門，門一開裡面是一個像希臘式圓形劇場的半圓形講堂，密密麻麻地圍著坐了幾百個小星族人。他們種類很多，有藍的、黃的、金的、橙色、紫色、渾身幻彩的，有人形、非人形、象頭、馬面、六個頭，頭髮像千隻手指，全身發光，透明像水，裡面可以看到所有臟腑，但那些臟腑比地球人複雜很多，只是全部都是迷你版，十分可愛，感覺有一點像幾歲人高的玩具，也有一些像青少年。

大家從來沒有見過那麼多小星族人，一時間還沒有反應過來，亞穆娜走在前頭，跟另外一些星族人打招呼，然後就上了講台，素桑、瑪雅和也藍被安排坐在前排。這時大家才如夢初醒，亞穆娜是講者。當然她們聽不明白她所說的，但有好幾次她說到瑪雅的名字，而所有小星族人轉過頭來看她，投以非常親切和開心的目光，七嘴八舌地在講話。素桑突然意識到她們可能在一所學校，便悄聲跟瑪雅說：「我們是否在一所學校？」

「是的，剛才亞穆娜就是跟他們說在地球的所見所聞，並跟他們介紹說我也是地球來的學生。」瑪雅回答。

「你能聽懂他們的星語？」素桑很好奇地問。

「他們在說星語嗎？我只覺得是另一種語言，但聽的時候很自然就明白他們所說的。」瑪雅聳一聳肩說。

突然間有人在遠處叫素桑和瑪雅的名字，她們循著聲音看到兩個熟悉的面孔，是秋丘和賽尼。大家高興地隔空打招呼，待亞穆娜說完時就上前相擁，瑪雅看到秋丘開心地說不出話來。

「你們怎麼在這裡？」素桑看到老朋友高興得不得了。

「這是我們在內地球新設的星子學校，專門訓練星子和星族地球人的，看來亞穆娜找到瑪雅這個幫手了。」賽尼說。

「他們成立這個星子學校，為的是要訓練星族地球人，讓他們可以發揮與生俱來的特質，幫助地球過渡？提升？療癒？或是幫地球人看清實相呢？」素桑問。

「都可以這樣說，其他的讓亞穆娜跟你們說，這是她負責的！」賽尼欲語還休。

素桑知道事情並不簡單，但她覺得只要賽尼在應該沒有什麼問題。

「秋丘在這裡幫忙建立這所學校，我也可以留下來嗎？我覺得我在這裡一定可以把上次在撒莫悉麗巴拉星還沒有學完的東西完成。」瑪雅很清楚知道，只要說是對她的情況有幫助的，素桑十之八九一定會答應。

「這不是我的地方，要等亞穆娜下來問一問她才行。」素桑雖然已經知道答案，可是她還是這樣說，因為她希望亞穆娜可以詳細說清楚。

亞穆娜上台時脫了帽子露出了本來的三眼，現在施施然地向她們走過來。周圍的環境有點嘈雜，小孩們一下子說話喧聲震天，一下子飛到半空追逐。素桑有點頭暈，突然間時間像停頓了又變得很慢，周圍一切都在慢動作地進行，這樣的情況出現了好幾次，最後素桑說：「出來吧！不要再把時間弄停！」

「抱歉，用這個方法跟你見面，我是克力亞多。」那個聲音說。

「你好，你就是亞穆娜的星球留在地球的聯絡人?」素桑回答，但聲音帶點緊繃。

「你不用緊張，我用這個方法找你是希望在正式見面前跟你介紹一下我自己，我知道你對我的身分很是懷疑。」克力亞多說。

素桑沒有回答只是看著眼前這個身材魁梧，身高一八六公分，精神奕奕充滿陽光的中年男子。他看起來最多只有四十來歲，但素桑當然在盤算他的真實年齡，心裡感慨全世界女子都希望可以青春常駐甚至長生不老，真的是天方夜譚，除非你是直屬星族血統，不然要逆生長幾百萬年單憑健康食品應該是做不到的。素桑在沒有見到面前這個人之前，必定以為他一定是一個陰深、奸狡，甚至可能面目猙獰的人，唉!誰不知他竟然那麼討好，跟亞穆娜一樣看起來像非洲人種，有一種高貴的氣質，雙眼是棕綠色，也是有三隻眼，所以素桑幾乎不敢直視他，深怕被他催眠了。

「你不用擔心，我把第三眼隱去便是，你不用擔心!」克力亞多微笑地說。

「唉!對著你們真的什麼都不要想!」素桑無耐地說。

「這個你做得比我們好！」克力亞多打趣道。

素桑沒有回話，她看著這個人，總覺得一個活到這把年紀曾經經歷地球所有災難，長生不死卻對現今世界的各種權力爭鬥瞭如指掌，而且富可敵國的星族人，絕對不會如表面上這麼天真單純，或許這也只是自己的疑心，不能否認他高貴沉穩的氣質是不能隱藏的。素桑知道自己不能動念，因為克力亞多會發現的，所以她就打住了念頭看看他有什麼話要說。

「沙格爾拉主席請我代她問候你！」克力亞多充滿磁性的聲音說。

「主席還好嗎？在穆一蘭絮國一別後就沒有再見過。」素桑有點驚訝但還是仰頭微笑說。

「主席還好，只是對現在的世界局勢和你們的工作進度有點擔憂！二十萬年的期限，地球的七十個星門戶還沒完全開啟，加上你們近一年來不停地要對付新的病毒狀態，讓很多國家的人民心理和經濟受損，雖然你們所設立的能量救援隊做得非常好，但光學院的建築速度還是不夠快、不夠專注！」克力亞多的聲音不徐不疾。

素桑聽後一直沉默，心想：他說的是對的，自從全世界要應付這個病毒已經疲於奔命，也因為如此，世界多國都經歷不同程度的封國封城。能量救援隊的隊員雖然已經很努力地發放光能量，但畢竟我們人數太少，要做一個全世界性的救援工作是有點吃力，但光學院的建造工作大家還是很努力的。

「病毒與否跟你們無關，以你們的能量狀態病毒是不可能接近你們的，以你們的能力也不需要實體前往，所以開啟七十個星門的工作刻不容緩，我們都在等待你們完成才可進行第二部分的工作。至於光學院的建造請你們繼續努力，由於現在各國陷入這個病毒危機，所以現在是最好的時機讓光能量滲入人的心裡植根。讓光代替黑暗、恐懼和死亡，讓人類回歸自然心性。」克力亞多繼續說。

「明白！但開啟星門並沒有收到進一步的指示，沒有指示還是有點空白。」素桑靜靜地說。

「你是否是地球隱形力量的接頭人？」素桑鼓足勇氣問這個禁忌。

「當然是我，難道還有比我更適合的人選嗎？我明白你的擔憂，但慢慢你會發覺我是可信的，而且我是站在幫助地球人覺醒回歸的一群！」克力亞多給素桑一顆定心丸。

素桑聽了微笑心想：但願如此。她也知道克力亞多一定會聽到她的想法。

然後一晃眼素桑回到講堂，時間恢復，亞穆娜繼續走來，小孩繼續在旁嬉戲、飛來飛去，瑪雅跟秋丘在指手畫腳說個不停，好像沒有人發現時間曾經停頓，也當然不知道她曾經跟克力亞多見面。亞穆娜停在素桑面前說：「你覺得這裡如何？」

「很好，很多小孩，充滿活力！」素桑如實告知。

「你覺得瑪雅會不會留在這裡幫助我們設立這所內地球星子學院？」亞穆娜詢問道。

「這個你要自己問她，但這裡就是用來訓練星族地球小孩的地方？瑪雅在這裡會做什麼？」素桑興致勃勃地問。

「第一，我會幫忙完善她在撒莫悉麗巴拉星所學的。第二，她可以幫忙接待新來的星族地球人小孩，或給在地球的他們傳遞訊息。第三，會幫助她完全適應自己是星族地球人的身分，她將來會領導很多星族地球人小孩，讓他們也能尋找自己、相信自己。但現在瑪雅將會留在這裡，賽尼會照顧她，我將要繼續前往非洲，你們要跟我來嗎？」亞穆娜最後的問題並非問題。

素桑看一看身邊的也藍，知道她的意向後便說：「可以，我們可以跟你南下。至於瑪雅她自己決定就好。」

瑪雅聽到亞穆娜的邀請開心還來不及，連聲答應。賽尼也示意會好好照顧瑪雅，素桑叮囑賽尼說瑪雅的情緒不太穩定，有時候很高亢有時候又會突然跌入憂鬱負面的深谷，希望學院有辦法讓她接受自己的一切。

跟瑪雅擁抱道別後她們跟隨亞穆娜飛回船上，由於瑪雅不在船身因而少了一塊反磁片，原來這些船是可以自由組合、變大變小的。亞穆娜知道她們對這個地方滿腹疑問，所以讓她們再多看一些地方，果然看到另一個像墨西哥的特奧蒂瓦坎金字塔群，和很多地方都有的金字塔建築。

似乎內地球是佈滿金字塔的，那麼外地球也應該是這樣，只是考古學家還沒有找到，而按這樣看來金字塔果然是內外地球相交互通的能量樞紐。素桑回想之前到過的地心星族和這裡又是截然不同的世界，究竟地球還有多少個維度？裡面還有多少個星球？如果一個地球已經這樣，太空內億億萬萬的星球是何等的光景，一想到這裡素桑禁不住嘩了一聲！人類的思維應該還沒能消化這個數字。

她們經過金字塔的渦流回到撒哈拉沙漠的地底之海，這個海跟之前的河流截然不同，之前的河流是冰清的淡綠色，寒氣生霜，但眼前這個火海火紅一片，在水上有一層燃燒不盡的火，剛才下來的時候還看到冰清綠河水跟火海不能混合，反而成了錯落有致的渦流，蔚為奇觀。這個血紅海色甚為刺眼，同時這裡的空氣隨著熊熊烈火有一種悶熱的感覺，像在一個烤箱裡面慢慢烤熟，看著這血紅色的海水完全顛覆了對海洋的感覺。天空雖大，沒有太陽但呈現紅光，空氣鬱悶，一望無際的血紅海雖然甚是平靜，但觸目驚心的感覺像是隨時會有怪物出來咬她們一口。

「我們會從這裡一直半空平浮南下，你們也可以多看一下這裡的景色。」亞穆娜說。

「這裡的海為什麼是血紅色？」也藍問。

「這個海下是一個活火山，裡面有一種血紅色的晶石名叫血海紅晶。另外就是天然氣讓海水可以不停地在燃燒狀態。這裡的水混合了剛才河流的源水，讓水變化成了一個比死海更療癒的海，所以這裡也成了各種水族的棲身地。」亞穆娜回答。

「哦！這些海水還能棲身不會被燒成烤魚？在我住的沙漠南部的地下水有時也會呈現鏽紅色，只是我們覺得髒不會喝下！地球也有好些地方出現過海水和湖水變紅，譬如哈薩克和烏茲別克中間的鹹海，加利福尼亞州的索爾頓湖和伊朗的爾米亞湖，都因為天氣乾燥、大旱、過分抽取水用作灌溉用途，使湖水萎縮讓這些溫熱水變成高鹽濃度，間接讓湖水內的細菌變成杜氏藻（Dunaliella Algae）的主要繁殖地，這些藻會使水變成紅色，所以雖然感覺怪異但也能接受。」也藍想了想然後說。

「各種水族的棲身地，那代表這裡有很多我們從未見過的水族生物，請問在地心的星族和亞特蘭提斯的星族人也會來這裡嗎？因為地心博物館的海洋部也有很多史前的水族？」素桑突然想起，這一切一切是否會有關聯。

「對的，他們都知道這裡也可以前來。這些水只需少許就可以用來發電，變成飛船燃料、製藥，甚至用來增加細胞的防疫功能！只是這些水是火熱的，普通人來不了。」亞穆娜說。

素桑和也藍小心翼翼地把手放在海上，當手快接觸到火的時候，可以感覺那燒燙的熱力從海上攻上來，海水也像帶有一層油油的感覺。

「我們應該拿一些樣本回去讓科學界研究，或許可以發明一種能醫治所有疾病，甚至讓人長生不老的藥。」也藍高興地說。

「是的，但是如何告訴他們這個地方，他們知道後會否不惜一切來這裡，打著拯救世人之名牟利並破壞這裡的一切？這個後果我不敢擔當。」素桑諷刺地說。

「或許，希望有一天我們可以告訴別人有關這裡的一切！或許眞的可以從這些水中提煉出可以醫治所有疾病的藥，但眞正的藥是內心的自由和快樂。」素桑接著說。

講到地心博物館和亞特蘭提斯素桑就想起機爾木，不知此行會否見到他！船繼續在火上飄移。

撒哈拉沙漠橫跨北非大部分地區，它從東部的紅海和北部的地中海一直延伸到西部的大西洋，經過埃及、利比亞、阿爾及利亞、蘇丹、查德、尼日、馬利、茅利塔尼亞，佔地九百二十萬平方公里，坐飛機也要好幾個小時，如果要南下，最快捷的方法應該是從埃及出發，經過蘇丹再往南，但她們的目的地是哪裡呢？從前素桑也看過撒哈拉沙漠地下有很多水的報導，只是從來沒有想過地下的水是這樣的，或許這也不一定是科學家在地下找到的水源，畢竟這是血紅火海！

幾年前看過英國地質調查局和倫敦大學學院首次繪製了非洲地下水的含水層和儲水量。他們指出在北非國家利比亞、阿爾及利亞、埃及和蘇丹發現大型沉積含水層中有大量地下水。地下水的存量是地面水的一百倍，大概是六十六萬立方公里。根據報告中指出，拿取地下水最好的方法是用手動泵進行開採，這方法比大規模鑽探更適合，因為大規模鑽探的後果可能會迅速耗盡儲層的水，並會產生無法預料的後果。

英國地質調查局的艾倫．麥克唐納博士（Dr. Alan MacDonald）所帶領的研究團隊說：用手泵將無法輕易進入五十公尺深的水位。而在大於一百公尺的深處，鑽洞的成本會增加，包括所需要的燃料和機器的精良度。而撒哈拉沙漠附近的地下水就達到一百到兩百五十公尺深。

按照非洲現時的情況估計，無法獲得安全飲用水的人口達到三億人，而可用的灌溉耕地只有百分之五。雖然這些地下水不能全部開採，但這些消息仍然是很讓人振奮的，因為存水量是有的，只是需要更精良、更經濟的開採方法，所以還是有希望的。

素桑和也藍看著這片火海出神，在想不知道現在身在何處。突然間看到水有些異樣，表面波動很強烈，像是有很大的生物游過。她們看到水裡有一個很大的黑影慢慢地浮上來，是一隻身形龐大的動物，目測長約十多公尺。這不是任何魚類，牠有長長的頸部，身體像鯨魚呈橢圓形狀，看不到有沒有腳，一條長而有力的尾部有鰭。牠不像中式的龍，更像是史前在水裡生活的恐龍——諾薩龍（Nothosaur），牠們曾出現在三疊紀時代，只是這條比書中記載的要大很多，所以也不知道是否真的是諾薩龍。水怪上面坐著一個人形乘客，水怪以很快的速度游到她們身邊，眼看就快碰到她們，素桑看到坐在上面的是戴了個透明面罩的機爾木。她大力向他揮手，機爾木看到素桑拉一拉水怪的韁繩，水怪頓時收速，在她們身旁停了下來。

「你怎麼來到這裡？這裡可是地球的聖地——蜀戈馬。」機爾木打開了透明面罩笑著說。

「我們跟著亞穆娜前來，也不知道要往哪裡去，只說要往撒哈拉沙漠的地底海洋往南走。」素桑指一指身旁的亞穆娜說。

亞穆娜和機爾木像老朋友一樣打了個招呼。

「原來你們認識！那你又來這裡做什麼？」素桑邊說邊笑。

「我們是用這裡的血火紅晶提煉燃料的，只要小小一塊就足夠整個城市的電力和太空船之用。」機爾木說。

「對，剛才亞穆娜也跟我們說過，只是我們還沒有見過。她說是這火山出產的石頭，像一塊血紅色的水晶，只要一小塊就能提煉出能源，甚至是太空飛船的材料，或用來修復身體。」素桑興致勃勃地說。

「對的，亞特蘭提斯的燃料、醫藥、博物館裡用來療癒的休息室、我們前往宇宙飛船所打造的物料、在亞特蘭提斯水底的保護網都是從這裡提煉，當日如果沒有找到血火紅晶，亞特蘭提斯可能就過渡不了。」機爾木慢慢對她們說。

「這也太神奇了！」也藍聽後嘖嘖稱奇。

素桑心想，地球的國家是否會適當使用這些物質呢？是否能相信他們？當然這不是她能夠決定的，一切自會有最好的安排。

12

鑽石的遠古靈魂

「在地球這個生態圈裡，各安本分扮演自己的角色就是最好的。那些水怪跟史前巨獸、恐龍、龍、天鳥，都曾經有著自己輝煌的時代。現在是人類的年代，往後也會有別的物種，例如另一種能適應所有細菌、病毒的進化人，所以一代一代的，只要學懂了他們的知識，明白生命交替就可以了。」

素桑看到機爾木和亞穆娜在聊天，他們似乎是老朋友，他們說的是一種不常聽到的星語。

「你明白他們說什麼嗎？」也藍悄悄地問素桑。

「好像說要去什麼地方，看什麼的？有些字我聽不懂。」素桑說。

「好像要到一個叫什麼格瑙南的地方，但這是什麼就聽不明白了。」素桑說。

說話的時候，她們近距離看見機爾木坐著的「東西」。牠全身呈現紫灰色，遠處看牠的皮像是盔甲般層層突起，從近處看發現只是牠的鱗片很厚，火海的火在上面並不會停留，也不會燒傷。牠的脖子大概是二人圍抱的寬，頭像半龍半馬，眼睛全是黑眼珠子，沒有眼白，在水裡的身體很大，像是比較小的藍鯨，一條成年的藍鯨身體長超過三十公尺，現在這條坐騎加上長長的尾巴大概也差不多三十公尺，所以牠的身體大概十、二十公尺長吧。唯一看不到的是牠浸在水裡的下半身，不知是腳還是腳蹼，但以牠游泳的速度來看應該是腳蹼，加上長而有力的尾巴才能造成如此大的推動力。這個「東西」依照她們的速度在身旁跟著，雖然她們是半漂浮半飛，但素桑相信這東西認真起來會比她們快多了。

「機爾木，請問你的坐騎是什麼？」素桑問。

「牠叫吉塔，是守護這個火海的靈獸！」機爾木回答。

「牠有沒有可能跟尼斯湖水怪有關係？因為牠的外形跟報導描述的水怪有頗多相似之處。」素桑問。

「你有聽過尼斯湖水怪嗎？牠的存在像是西藏的大雪人（Yeti）、北美的大腳怪（Sasquatch）、拉丁美洲的卓柏卡布拉（Chupacabra）、加拿大歐肯納根湖的歐戈波戈（Ogopogo），當然還有狼人、吸血殭屍，牠們的眞僞與否一直是愛好探險者最關心的。第一次有文獻提及尼斯湖水怪是西元五六五年在聖高隆的自傳裡；然後到了一九三〇年代，尼斯湖旁建了一條公路後，指稱看到水怪的報導迅速增加，在一九三三年，喬治史賓沙和妻子在公路行走時看到一隻龐然巨獸在他們面前，此物約八公尺長，三公尺寬，有一條長長的脖子，沒有腳；然後到了一九三四年，從倫敦來的外科醫生羅伯特·肯尼斯·威森拍了四張舉世聞名的尼斯湖水怪照片，人稱『外科醫生圖片』。照片上看到水怪的頭部和頸部，當時有人推測那是六千五百五十萬年前已經絕種的蛇頸龍（Plesiosaur），一種海洋爬行動物。後來也有很多人認為只是一隻水獺或是玩具潛艇上安插了木製的頭和頸……多年以來有很多所謂的證據，但最後都被列為騙局或惡作劇，但在蘇格蘭的傳說中是存在大型海怪、人魚和水獨角獸的。

「在一九八七年，Deepscan 花了一百萬英鎊，動用了二十四艘具有聲納功能的船在湖中搜索了一個星期卻一無所獲，到二〇〇三年英國廣播公司（BBC）資助搜索，動用了六百條聲納束和用衛星追蹤湖泊還是沒有找到。二〇一八年研究人員在尼斯湖進行DNA調查，用以確定水域中生活著哪些生物，當中並沒有發現蛇頸龍或其他大型動物的跡象。

研究發現湖內有大量鰻魚，或許水怪是一隻超大型鰻魚也不可而知。雖然在科學層面，大家無法拿出證據確定尼斯湖水怪是否眞實存在，但在二十一世紀初，因為水怪而興起的各種旅遊團、旅遊物品、酒店、休閒度假屋為蘇格蘭進帳了近八千萬美元。我沒有去過蘇格蘭，但由於多年來對這些科學解析不到又或是存在於當地傳說的怪物，總是會有些根據，所以剛看到吉塔才會想起尼斯湖水怪。」素桑說。

「吉塔不是尼斯湖水怪，只可以說是牠的近親，尼斯湖水怪早就回歸到人類無法探測的海洋深處，牠們有自己的國度，這些巨獸除非被強烈地震或什麼巨變驚醒，牠們是不會出現的。」機爾木說。

「那代表出現了也不是什麼好事！」也藍搭了一句。

「在地球這個生態圈裡，各安本分扮演自己的角色就是最好的。那些水怪跟史前巨獸、恐龍、龍、天鳥，都曾經有著自己輝煌的時代。現在是人類的年代，往後也會有別的物種，例如另一種能適應所有細菌、病毒的進化人，所以一代一代的，只要學懂了他們的知識，明白生命交替就可以了。」機爾木漫不經心地說出了生命的流程。

也藍還在細細回味機爾木所說的話。

「我還要拿血海紅晶回去，你們好好享受旅途，從這裡一直南下還會有意想不到的風景呢！」機爾木說罷，跟大家示意再見便騎著吉塔以極迅速的速度潛入水中，水面泛起了些微波就沉寂了。

前面的景物開始改變，有些高聳入雲的山脈在海裡形成，那些山都是黝黑、粗糙的，有些一層一層的，有很深的坑紋，有些像火山爆發後還在流的熔岩，有些火紅亮光的岩漿還從山的夾縫裡流下來，宛如整個山被畫上流動的光線，連綿山脈的頂上有些還噴著白煙，有些卻還看到熊熊烈焰正在噴發。

這裡的溫度很高，跟剛才的氣溫相差最少十五到二十度，景致如牛魔王的火焰山，無論氣候、景色、山形地勢都和《西遊記》中論述的火焰山有相似之處。在小說的第五十九和六十回中寫道「唐三藏路阻火焰山，孫行者一調芭蕉扇」──「西方路上有個斯哈哩國，乃日落之處，俗呼『天盡頭』」──「敝地喚作火焰山，無春無秋，四季皆熱」──「那山離此有六十里遠，正是西方必由之路，卻是八百里火焰，四周圍寸草不生。若過得山，就是銅腦蓋，鐵身軀，也要化成汁哩！」素桑覺得這裡是否是天盡頭她不知道，但無春無秋、四季皆熱、八百里火焰、四周圍寸草不生就肯定是，可是芭蕉扇在哪裡呢？

「這一帶看來都是火山帶，火山加火海，人也好像被熱得有點融化掉，我們去的地方是要經過這一系列的火山嗎？」素桑顯然已經熱得頭暈目眩。

「是的，快到了，過了這幾個火山頭就到了！」亞穆娜輕描淡寫地說。

素桑看到這幾個連綿火山頭，每一秒都比前一秒熱，感覺快要燒焦。終於過了那幾個山頭，卻見亞穆娜把她們的小船一下子變成有蓋的飛船，大家在裡面不只不覺得熱，還有空氣和涼風，素桑心想為何不早點給她們這艘船……，剎那間亞穆娜駕著船衝進前面的一個很大的火山口，火山口並沒有噴發但還有熔岩流出和氣體噴出，她們在火山口的上空，看到下面整個火山口是橘紅色的熔岩，下面就像一個大鍋，看來亞穆娜要衝進去把她們烤熟。亞穆娜加快了速度，小船一下子沒入了岩漿之中。

素桑努力睜開眼睛，岩漿很亮，很是燙眼，但小船頃刻間像走進了一個通道，火燙的岩漿並沒有把她們融掉，相反她們以一個比時速三百公里更高的速度往下墜，通道外面有很多五顏六色的強光線體，有橫有直。不知過了多久她們停止了，外面霎時間漆黑一片，再沒有那些火焰熔岩。亞穆娜把船的蓋子打開，外面的空氣不熱反而有點冷，「你們可以出來，這裡很安全！」亞穆娜自己先走出來，示意她們跟著。

「這裡是納穆格瑽南，我們的星語意思是家鄉的思念。」亞穆娜邊走邊說。

素桑和也藍跟著亞穆娜的步伐，這個山洞似乎很大，但山洞的石頭並不像石頭，應該是某種礦物，而且還會發出淡黃的光芒。山洞好像被打磨過，小路有點迂迴，不知道會通到哪裡，她們一直往前走，走到哪裡淡光就會亮起。

「你覺得這些光像我們的燈嗎？這個好像自動系統，走到哪裡感應到有人燈就會亮。你覺得這像個什麼地方？」也藍輕聲地問素桑。

她們兩個再打量一下周圍同聲說：「在一艘太空船內！」

「只是這艘太空船可能是由有機物體建構而成的，因為它的感覺並不像我們習慣的超科技銀白色太空船，相反這裡有一種有心跳的感覺。」素桑還在觀察周圍的環境。大家已經習慣了這裡的光線，只是素桑抬頭向上看的時候還是看不到頂端。

「有機物體的太空船表示它們自己會生長、會動？」也藍帶點吃驚地問。

「是的，只是我只從書本上看過，也不敢確定這是一艘太空船！」素桑觸摸了洞身，感覺並不乾硬反而有點滑滑黏軟，古古怪怪。

亞穆娜帶她們到達一個偌大的空間，約有一個籃球場大小，牆的兩面在石頭的夾縫裡全是密密麻麻會發光的物體，透出來的光呈淡藍和淡黃色。

「夾在牆中間的這些是什麼？它們顯然不是燈光。」素桑問。

「這是『在在石』，是我們加斯加星球的寶石，跟隨我們來到地球。」亞穆娜邊說便隨手在牆上輕輕敲了兩下，拿了一個下來放在掌心裡。

石頭外面是灰黑色的粗糙石頭，裡面透出一些淡藍色的光。素桑把石頭拿在手上，石頭不算太重，她輕輕地放在手心打量，突然感覺這塊石頭可以跟自己溝通，而且感覺很強烈。雖然它並沒有什麼特別的訊息，但似乎對自己的狀態很清楚，石頭裡面光的強弱會因為素桑的思想或情感改變而有所變更。

素桑以各種角度研究石頭，她發覺這塊石頭有點像鑽石的原石，是當鑽石還沒切開打磨時的模樣，平常買鑽石的人極少有機會能見到原石，其中一個原因是，原石是不能從南非出口的，通常是一些鑽石商人去南非，帶一兩顆回來做樣品。普通人買鑽石的時候談論的都是鑽石有多少個切割面，符合４Ｃ的哪個標準，多不多雜質，是圓形的還是公主方或祖母綠型，但這些都不是最重要的，那顆鑽石有沒有跟你交流才是最重要的。由於素桑從事跟鑽石相關的行業，很多時候會接觸到鑽石，鑽石有它們自己的頻率，碰到適合的人會願意溝通，當然如果只是財大氣粗因為老子有錢，買回去也只是放在盒子裡，便會慢慢把它悶死。素桑看過很多被悶死的鑽石！

「『在在石』不會就是地球的鑽石吧？可是鑽石是三十億年前一些碳原子在地殼深處經過高溫和高壓下結晶而成的，火山爆發時經由熔岩把鑽石推到距離地面大概一百五十到兩百公里的泥土下，最後經人工挖掘出來的，怎麼會變成你們星球的『在在石』？」素桑推敲試探著。

素桑雖然對鑽石有一點認識，但她明白，眼見未為真，很多事情不一定依據書本或科學家所說就一定如是，這個世界不知道的事情還有太多，鑽石可能是「在在石」，但她需要更多的資料和證明。

「你還記得我剛遇到你們的時候跟你們說，我們族人帶了一批胚胎放在一個容器裡來到地球嗎？這就是那艘太空船！」

「是的！好像是！」素桑還在一片迷思中回答。

雖然遇到亞穆娜只是一、兩天前的事，但經歷了那麼多，腦內不斷盤算著這些多得有點爆炸的資訊。前兩天的事，現在回想起來好像已經過了幾十年甚至幾百年。

「『在在石』就是放著胚胎的容器！每個胚胎也是在這個容器裡生長的。『在在石』是有機生物，可以隨著胚胎成長也可以供給養分，最重要的是由於它緊密的分子結構讓胚胎在裡面得到最大的保護。『在在石』風雨不侵，刀山火海切不斷，燒不到分毫，堅硬無比。同時當我們把胚胎拿出來之後，『在在石』可以自行繁殖，它們是有智慧的生物，既可分開也可重組為一體。可以明心性，跟有情眾生溝通，如果遇到懂得運用它的人還可以把它放大縮小，形成金剛保護罩。」亞穆娜慢慢地解構這塊石頭。

「如果你說它們可以自行繁殖，為何在地球所買到的鑽石就不能繁殖、放大縮小呢？

如果可以大家倒是不用再以如此高昂的價格去買它，或許大家可以飼養它。」素桑半開玩笑地說。

「要自行繁殖必須要在適合的環境下，這個環境就是在火山的底部搭配蜀戈馬的奇異能量，這個地方跟加斯加星球就像姐妹能量。切割拋光了的『在在石』已經被破壞很多，它能自癒但繁殖是不可能的，但是它們還是有療癒能量的，因為療癒能量是在它的細胞裡，就是剩下很小一點還是可以發揮療癒能力的。」亞穆娜說。

「你可否把在在石的故事告訴我們，它如何成了地球人的鑽石？」素桑興致勃勃地問。

「如我剛才所說，在在石就是當年我們帶來地球的胚胎的容器，當我們去除胚胎之後，我們希望讓在在石留在地球作為送給地球的禮物，蜀戈馬的環境跟在在石生長的地方極其相似，所以我們知道它一定可以繁殖的。在在石不只能溝通、療癒、繁殖，還可以用來建造飛船，它耐冷耐熱，堅硬無比，可以阻止太陽黑子，以它做導體的能量罩，甚至可以把隕石和核彈的傷害減到最低。

「現在地球人開始發現越來越多科技，在不同領域上也能使用，最重要的是在在石就是製作飛船最好的有機生物材料，因為它可以自行修復並能探測危險，在在石更可以接收並記錄不同維度的訊息並加以過濾、檢查、重組對比。它們的外相可以改變，而不會影響它們的特質，它們本身就是宇宙星源的液態光，但同時可以使其固態並把光分子聚集、鎖緊而不流失，宇宙中只有小量物質可以如此。我們的族人更能以吸食在在石能量為食物，每次吸食以地球的時間計算，可以維持好幾百年。所以我們把在在石留下，希望地球星族人能夠使用它們。只是沒有想到在在石讓一些地球的國家陷入黑暗的戰爭和搶掠，這一段歷史我相信你比我更清楚。」亞穆娜說到最後有點唏噓。

「鑽石在人類的歷史就沒有那麼和諧了，反而因為鑽石的出現而導致的戰爭、死亡、痛苦到今天仍然持續。根據地質學家的研究，鑽石約在十億到三十五億年前已經存在，地球大概也只有四十五億年的歷史。

「它如何眞正出現、形成沒有人知道，我們普遍的認識是，它在地心形成，經過地殼變動火山爆發被推到地面，由於它會被熔岩融掉，所以要包裹在一層金伯利岩石中，才會安全送到距離地面約兩百公里深的地下，於是發現金伯利岩石就是能找到鑽石的指標。根據歷史記載，第一次關於鑽石的文獻是在西元前三二〇至二九六年，由考底利耶（Kautilya）以梵文撰寫的《政事論》（*Arthashastra*）。在梵文中所敘述的鑽石稱為金剛、雷電棒或因陀羅的武器，在佛經中所提及的金剛石就是鑽石，而《金剛經》的梵文是 Vajracchedikā Prajñāpāramitā Sūtra 能斷金剛般若波羅蜜多經。在此金剛譬喻般若，代表堅固、力量強大、無堅不摧、透明清淨。

「普遍認為在西元前四百年印度已經在使用鑽石，從上古到中世紀，印度是唯一生產鑽石的地方，並主要來自安得拉邦戈爾康達（Golconda）的高洛礦（Kollur mine），在克里希納河流的南岸。當時鑽石是財富與幸運的象徵，也有些歷史學者認為，在上古代鑽石是不能出口的。一直到亞歷山大大帝拿著幾顆鑽石從印度到地中海，和後來阿拉伯商旅經過絲路，把鑽石運到歐洲各地。當時只有貴族和皇室才可以使用鑽石。在歷史上出現過幾顆十分有名的鑽石，它們包括：

「(1) 一八九三年在南非奧蘭治自由邦所發現的，重九百九十五克拉的艾克沙修鑽石

（Excelsior）。

「(2)一八九五年在同一個礦發現重六百五十一克拉的鑽石，後來被一分為二，較大的一塊名為朱比利鑽石（Jubilee）。

「(3)一九〇五年在南非特雷瓦爾殖民地區的普雷米爾礦找到重量為三千一百〇六克拉的藍白鑽石，堪稱世界上發現最大的鑽石。以礦主之名命名為庫里南（Cullinan），後來這顆鑽石被切割為九塊主石，九十六塊副石。庫里南I（Cullinan I）又被稱為非洲之星，重五百三十點二克拉，是世界上最大的切割鑽石。它被鑲嵌在英國君主的十字架權杖上。所有庫里南都屬於英國皇室的。在英國統治印度期間，他們也從印度神廟、皇室手上掠奪了很多鑽石。這些都是有歷史價值的文物，但最後這些鑽石經過很多任主人，也見證了因搶掠而導致的血腥、死亡和破壞。

「(4)另一顆是尚—巴蒂斯特．塔維尼埃（Jean-Baptiste Tavernier）從印度得到的藍鑽石，後來改名為希望鑽石，由法國皇帝路易十四在一六九九年購得，之後傳給他的嫡孫路易十六，伴隨著法國大革命被劫匪搶掠，一直到二十年後才在英國喬治四世手上出現，後來幾經易手才被美國珠寶商人夏利溫斯頓買了並捐給國立自然歷史博物館至今。

「(5) 光之山（Koh-i-noor）是一顆七百九十三克拉的無色鑽石，於十三世紀在戈爾康達礦找到，適時正是卡卡提亞王朝（Kakatiya Dynasty），後來莫臥兒皇帝巴布爾贏了帕尼帕特戰役，也順帶得到了這顆鑽石。這顆鑽石後來由印度去了阿富汗，再返回印度，最後落入維多利亞女皇之手，因為並不喜歡莫臥兒式的切割於是重新切割為橢圓形。

「從十八世紀開始，印度的鑽石開始式微，礦產量下跌，在一七二五年於巴西找到鑽石礦可是後勁不足，最後從一八七六年開始，南非成了世界上鑽石出產的第一位。一八七七年產量為一百八十萬克拉，一八九二年有三百萬克拉，一九一三年為六百萬克拉，一直到一九四九年，在俄羅斯的西伯利亞出產了一千五百萬克拉的鑽石。

「可是說到南非，我不能不提在南非的內戰，你們有沒有聽過血鑽？」素桑對於鑽石歷史如數家珍地跟大家說。

「有，當然有，只是不是很清楚！」也藍回答。

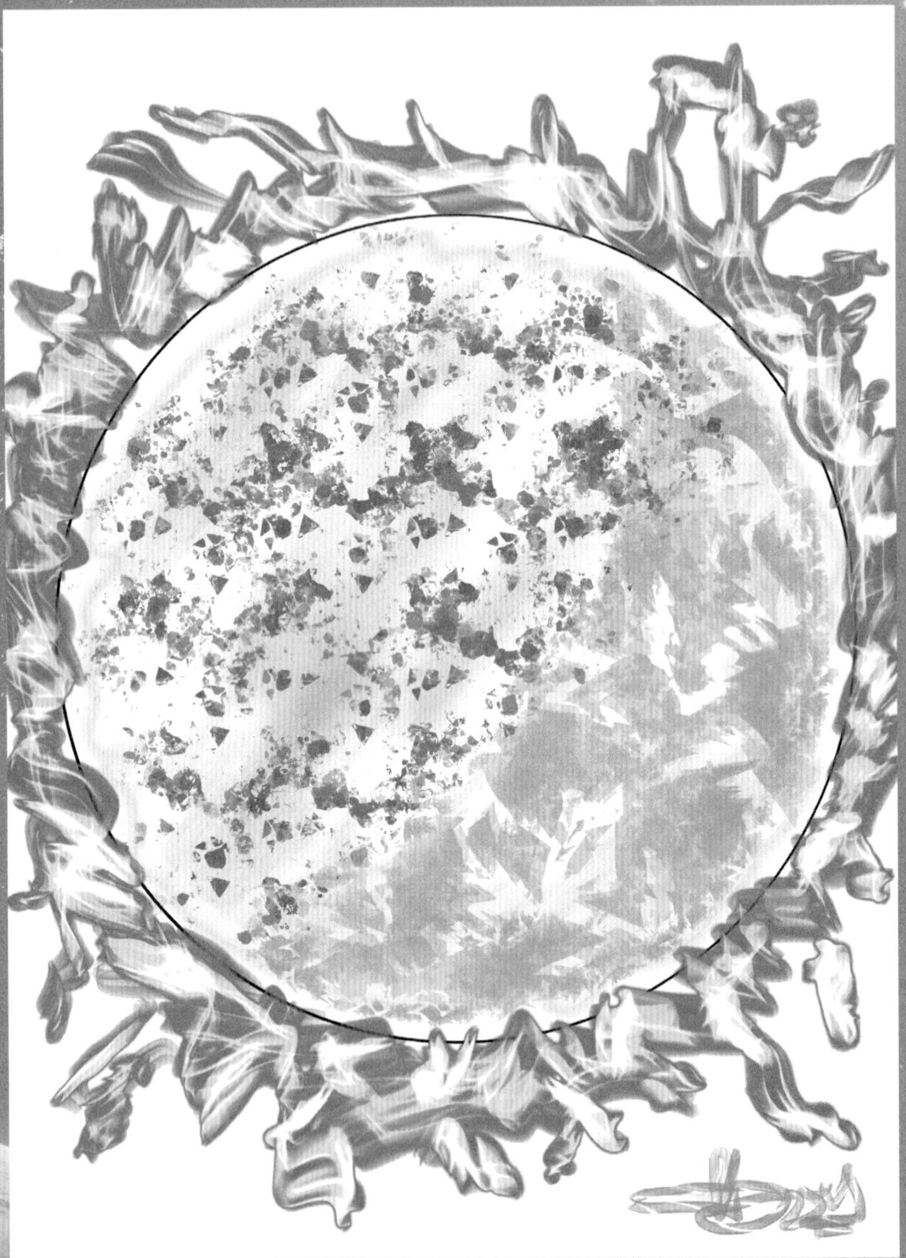

13

血鑽的種子

在在石的確有這個能力，會把人類最潛藏的欲望展現出來，你不是說當你看著它的時候，它像是會跟你溝通一樣。因為它並不是屬於這個地球的產物，它可以直接去到人心底最原始的欲望和感覺。如果你的心很善良，你引發出來的也會是一個千千萬萬倍善良的心；如果你的心裡面滿載貪婪、欲望，那麼從那裡引發出來的惡魔將會一發不可收拾。

「我覺得這是人類近代歷史中很黑暗的一段，而且有些國家還沒有停止。雖然不像納粹黨屠殺六百萬猶太人，沒有第一次世界大戰死去的一千五百萬和第二次世界大戰死去的五千萬到七千兩百萬人口之多，但非洲內戰發生在全世界的眼皮底下，而外面世界的人從沒有過問，也沒有提供任何人道幫助。

「在非洲可以分為戰後國和持續戰亂國，根據二〇一九年的統計，在非洲有十五個國家仍處於戰爭狀態，其中包括：布吉納法索、蒲隆地、喀麥隆、中非共和國、查得、剛果民主共和國、衣索比亞、肯亞、馬利、莫三比克、奈及利亞、索馬利亞、南蘇丹和蘇丹。

「他們戰爭的原因可能是為了天然資源、木材、燃油、鑽石，或是種族甚至是宗教，而且我還沒有說到幾百年來的黑奴歷史，實在很讓人心寒！記得你之前曾經說過非洲人是如此高潔的民族，為何會落得如此慘況，甚是不解！」素桑說得時候有點激動，中途停了片刻才繼續。

「血鑽又稱為衝突鑽石的意思，是非洲的幾個國家，包括獅子山共和國（衝突結束於二〇〇二年）、安哥拉、利比亞、象牙海岸和剛果共和國，以非法出售鑽石所賺取的金錢來資助內戰，而內戰和叛亂的原因是人民反對政府控制該地區利潤豐厚的鑽石業。

「這些戰爭讓人流離失所、痛失家園、多人被殺害、婦女被性侵，有些人還被斬斷手腳施以酷刑，所以這些以售賣鑽石來資助內戰的就稱為血鑽。根據國家地理雜誌，這些衝突讓獅子山共和國千萬人無家可歸並超過四百萬人死亡。

「在一九九〇年代，人權組織和聯合國希望能喚起人們對這些血鑽的關注，不希望西方富裕國家因為購買鑽石而間接支持了這些戰爭，於是在二〇〇二年成立了金伯利進程認證計畫（KCPS），目的是阻止血鑽進入合法的鑽石市場。全球有五十九個參與者代表八十九個國家參加，而歐洲共同體算作單一參與者，他們要求這些非洲國家的政府要保證所有鑽石的運輸均以安全的集裝箱出口，此外每批貨物還必須經過特別編號和政府驗證的證書，以保證該貨物不包含血鑽或衝突鑽石，這些國家還必須同意拒絕任何不包含眞正金伯利進程證書的鑽石運輸。

「當然還是有些國家很容易從戰爭國家中偷運血鑽到合乎金伯利計畫的國家以合法鑽石出售，但這個條例還是有嚇阻作用的。其實除了非洲，俄羅斯和加拿大也發現很大的鑽石存量，再加上根據科學家的研究，鑽石的價格其實早就可以下降，它之所以能夠一直維持高價，是因為戴比爾斯控制流入世界的鑽石量，讓它能保持一定的價格。」素桑說的時候心情很複雜。

「我們送給地球的禮物竟然變成戰爭和衝突的源頭，實在是我們始料未及的。對此我們深表歉意。」亞穆娜說。

「有一點我一直想不明白的，無論鑽石或晶石，它們不是應該可以幫助人類進階、突破自己的嗎？為什麼人類在鑽石旁就變成惡魔呢？我明白讓人類變成惡魔的不是鑽石而是人類自己，只是鑽石好像把人心底的欲望都映照出來，為了它人類會不擇手段！」素桑嘆了口氣說。

「你說的很對，在在石的確有這個能力，會把人類最潛藏的欲望展現出來，你不是說當你看著它的時候，它像是會跟你溝通一樣。因為它並不是屬於這個地球的產物，它可以直接去到人心底最原始的欲望和感覺。如果你的心很善良，你所引發出來的也會是一個千千萬萬倍善良的心；如果你的心裡面滿載貪婪、欲望，那麼從那裡引發出來的惡魔將會一發不可收拾。」亞穆娜說的時候一直看著前方。

「看來我見到的都是後者，在以色列有一句諺語，就是說鑽石商人都不好對付，他們見錢開眼，沒有什麼道義可言。這個我倒是看過很多了。」素桑面帶不悅地說。

「我從來沒有問過你為什麼會開始做鑽石？以你所說這些人跟你是不可能成為朋友的。」也藍滿臉疑惑地問。

「是的，你說的很對，我在這個行業裡沒有什麼眞心明白我的朋友，只有共事的人。為什麼我會做鑽石？其實我也不知道，是鑽石來找我的。那時候在以色列還沒想到要做什麼時，看到珠寶鑑定的課程，因為我本來就很喜歡晶石，所以就跑去唸了，也就這樣開始了。現在想來可能為的就是今天，要為鑽石平反，把它們在這個地球出現的原因告訴世人。它們不是一件首飾，它們是活生生可以幫助我們靈性進階的，如果有一天你發覺自己擁有了鑽石之後變得貪得無厭、面目猙獰，你就要自己警覺並觀察自己，看清楚自己的心，不要讓這些欲望把你拉走。

「我自己倒是要感謝這些鑽石，因為我整天對著它們，我才知道我對它們已經完全沒有佔有欲，當然我見到的應該是已經差不多悶死的鑽石，但有時候可以重啟一些個別的能量，不過大部分還是需要比較長的時間。」素桑說出這段關於自己和鑽石的歷史。

「鑽石本是富裕地球人的身分象徵，也是通過廣告洗腦後比喻愛情的物品，這些跟你說的意義大相逕庭。在地球出土的鑽石大概百分之七十是用作工業用途的，只有百分之三十或更少、品質較好的鑽石才會用作首飾用途。

「但在近幾十年鑽石已經一躍成為高、中科技的新寵兒，科學家發現鑽石可用於低聲頻吸收、高機電耦合係數、高音速，同時它的結構可以用作高靈敏度的傳感器來檢測壓力、速度、溫度和超薄膜的厚度。至於建築、機械和牙科醫學早就採用了鑽石，而航太科技就不斷在鑽研適用鑽石的新技術。

「你剛才提及在在石不能自然繁殖，但在一九五〇年代現在的地球科學家已經開始研發、製造人造鑽石，那個時候採用的是高溫高壓的方法（HPHT），基本上是通過金屬催化劑的作用再加上模仿地球內部的力量，以高溫高壓將碳溶解到一顆鑽石種子之內。模擬這個過程的機器內的溫度高達攝氏三千度。

「另一個比較新的方法是化學氣相沉積法（CVD），它使用一個充滿氫氣和甲烷的真空空間來提供碳源，氣體在極高的溫度下變成等離子體，然後釋放出碳塊，再將其沉積在真空空間內的合成鑽石『種子』基礎裡，直到形成更大的鑽石。化學氣相沉積法所用的機器比較小也更容易控制。這兩個方法同樣需要一顆鑽石種子，雖然不知道能否做到跟在在石相同的能量，但作為建築、機械、電子領域上的用途還是游刃有餘。它們稱為新鑽石（new diamond）。

「另外鑽石不斷被拓展到地球人日常生活使用的領域，例如電子產品，包括個人電腦、手機、平板電腦……等等，這些電子產品之所以能夠應用，完全歸功於強大、快速和局部的電牆讓電子的活動能受到控制，但要找到一種電牆物質並能模擬磁牆反應還要在室溫下控制它的旋轉並不容易。研究人員為了解決這個問題，創建了不含南北極的磁性微型磁盤，讓渦流磁化並把鑽石奈米粒子用於渦流內部，把單個自旋的電子困在鑽石內部的氮空缺內，這樣才能使我們享受這些電子產品帶來的方便。

「在電子工業上，使用矽和新鑽石的結合已經解決了大型電子設備中面臨導熱的問題。以前鑽石因為跟鐵的反應是不能切割不鏽鋼的（氧氣切割是鐵在高溫下與氧氣反應，生成氧化鐵熔渣，被高速的氧氣吹散而使金屬斷開，而不鏽鋼不能與氧反應，生成熔渣，所以不鏽鋼不能用氧氣切割。最常用的方法是等離子切割。），現在把鑽石加上立方氮化硼晶體就可以用在含有鐵的工具上。我想很多人從沒有想過鑽石在我們生活中占據了如此大的位置。」素桑把最近幾年觀察出來的情況跟大家說說。

「剛才我們提及合成鑽石必先以一顆小的鑽石種子才可以製造出來，我從來沒有想過這個問題，現在經過亞穆娜的解釋卻想到鑽石只可以仿造，其實是因為在在石的特質，如果沒有這個能繁殖的特質，可能鑽石也不一定能夠在機器內生長。所以就算在在石不能完全複製，但只要有種子和相似的環境，還是可以通過生存能量以另一個方法繁殖的。

「當然我們不敢奢望這些人工合成的方法會有更深層次的啟悟，發揮它原本不屬於這個地球的能量，它的本質是宇宙的液態光，也或許有一天我們會找到這個方法。但有一點我可以肯定，人工合成的鑽石跟鑽石/在在石的頻率和連心的感覺完全不同。

「這個我倒是真的做過實驗，我曾經把幾顆合成鑽和天然鑽石放在一起，它們表面上不管顏色、淨度、切割手工都是相等的，但當你直視天然鑽石的時候，你會感覺在跟一個生命說話，而合成鑽就像是只有外表沒有靈魂的玻璃。」素桑感覺自己好久沒有把這些好好想一遍，現在突然間又有些啟悟。

大家聽後沉默了半晌！

「其實什麼是地球原本有的，在地球找到的也不代表原初出產的地方是地球。你們知道科學家一直沒有辦法知道地球的黃金是從哪裡來的，而且地球有如此多的存量！」突然間也藍加入討論。

「在二〇一六年，美國地質調查局（USGS）估計地球從太初起就出產了十九萬六千三百二十噸黃金，至今仍然有百分之八十五是在流通的。這個數字看似很大，但由於黃金的密度很高，如果把所有金熔在一起，大概一個六十英尺寬的立方體就夠放了。可是在地球表層一公里內就還有一百萬噸的金，只是去提取它們的成本很高，所以並沒有挖掘，而在地殼和地心還有沒有黃金就不得而知。

「我從小以為黃金是在地底裡本來就有的，學校好像也沒有認真教過，只是在化學課裡面的元素週期表裡看到，純金的元素代號是AU，表示它不是形成的，它是元素。從來在東方的哲學裡就有金、木、水、火、土這五行元素，它們表達的是五種元素相生相剋的關係。所以金不是被製造出來的。現今的科學家一直在尋找黃金是如何出現在地球，比較為人接受的解釋有二種：

「1. 當一些星球死亡的時候，它們會大爆炸並產生超級新星，在巨大的爆炸中製造了許多高原子序數的元素，這就是金產生的方法。當然它們是以隕石形式進入地球。由於金在高溫之後會流質化，所以它們要包在隕石裡面才可以落到地球。研究顯示，在地球生成後兩億年，有密集的隕石撞擊進地球，由於它們是在地球生成以後才掉進來的，所以它們是在地表而不是在地心，這也正是地球人發現它們的地方。

「2. 另一個就是中子星的碰撞，但這也解釋不了為何地球會有如此大量的金存量。英國赫特福德大學（University of Hertfordshire）的天體物理學家小林千明（Chiaki Kobayashi）表示中子星的碰撞是通過將質子和中子短暫地撞擊成原子核，然後被這新結合的重核在太空中釋放。常規的超新星無法解釋宇宙中的金，因為恆星質量足以在死亡前將其融合，是很罕有的，會在爆炸時變成黑洞，普通的超新星會被黑洞吸進去。

「另一個是反轉恆星的超新星，這一類型是所謂的磁旋轉超新星，是更罕見的，它們自轉得非常快，一顆垂死的恆星轉得非常快並被非常強的磁場所破壞，以至恆星在爆炸時從內到外反轉，死亡時恆星將熾熱的物質噴射到太空。由於這個恆星已經反轉所以它的噴流充滿金核子，但恆星融合金已經很罕有，能把融合金再噴射到太空更罕有，就算中子星加上磁旋轉超新星也不能解釋地球上豐富的黃金量。當我聽完了亞穆娜所說的，我覺得不知道的事情太多，鑽石可以從外太空來，為何黃金不可以？」也藍把她的感覺說了出來。

「我開始發覺原本我認識的世界一直在崩塌，每天所見的事物其實從來沒有什麼解釋，只是我們習慣了它的存在便不再詢問它的來歷。同時所謂的眞相眞的是相對的，今天言之鑿鑿的答案明天科學家發現了別的證據就可以全部推翻，原來我們眞的什麼都不知道！」素桑有感而發。

「前幾年我還看到有一則新聞報導有一個鑽石星球，但從來沒有找到可問的人，亞穆娜你知道這個星球嗎？」素桑露出很有興趣的表情。

「是有很多的，你把地球發現的那一個說出來聽聽！」亞穆娜說。

「是銀河系北部巨蟹座附近的一個星球，距離地球四十光年，在二〇〇四年的時候被發現，這個星球是地球的兩倍大小，但質量是地球的八倍，所以稱為『超級地球』，星球的名字是 55 Cancrie e。科學家說這個星球主要是由碳（卻是以鑽石和石墨的形式出現），還有鐵、碳化矽和潛在的矽酸鹽組成。

「專家認為這個星球最少三分之一是純淨鑽石，因為這顆行星表面覆蓋的是鑽石和石墨，不是跟地球一樣的水和花崗岩。當然這顆行星是不適合人類居住的，它的表面溫度達到攝氏兩千一百五十度。但當我第一次聽聞有這顆行星的時候，我就不知道為何已經對此很有興趣，只是後來卻沒有進一步的消息和進展。」素桑趣味盎然。

「對的，這個星球距離地球很近，整個都是由在在石構成的，同時它還在不斷地成長，到它完全成長的時候，除了表層，整個星球都會是在在石。這些星球就像加油站一樣，其他星球有需要也會前往等價交換在在石。

「你不要以為這個星球表面那麼熱就沒有生物，這個星球是很先進的，正因為他們有在在石，所以可以發展很多有機生物工程。那裡的人基本不用食物，只需要吸取在在石的能量。這樣的星球是很幸運的，因為他們不需要擔心食物，也因為擁有很高的科技，所以其他星球就算對他們虎視眈眈也不敢貿然動手，況且他們星球表面的溫度對大部分沒有高科技的星球是不能靠近的。」亞穆娜跟素桑說。

「哦！明白了，所以像地球現時的科技應該不能探測到什麼！」素桑添了一句。

亞穆娜讓她們在太空船裡面看看，這裡很大像一艘母艦，可是由於是生物科學技術，整艘太空船像是有生命的機械人，它們完全不像她們以前見過的銀河聯盟的太空船，他們也是使用在石作為燃料。

「時候差不多了，我們還要去接人！」亞穆娜說著就帶她們走出去。

「這艘太空船就是你們來的時候搭乘的？」素桑邊看邊問。

「是的！」亞穆娜說。

「它一直留在地球？」素桑很好奇。

「是的！它可以把地球的訊息傳遞回加斯加星球。」亞穆娜說。

「可是你用什麼工具回去？」素桑繼續問。

「我有一艘小太空船可以讓我獨自飛行。」亞穆娜回答。

「你最近一次回來是什麼時候？」素桑像是要問些什麼。

「因為興建內地球的星子學院，這一陣子都在地球跟不同的星球渡過，最後一次就是幾個星期以前，怎麼了？」亞穆娜一一回答。

「那麼前幾個星期亞密被以色列軍隊要求去追查的可是你？」素桑把一切都串連起來。

「是的，以色列軍方在我進入地球的時候偵測到我，就一直跟蹤，後來他們以為可以將我扣押在沙漠，但第二天就被我溜走了，這才有後來亞密在沙漠尋找我這一幕。」亞穆娜笑笑說。

「哈！終於明白了！果然是你！」素桑開心道。

「這艘母艦還能駕駛嗎？按你所說的它應該停在地球很久了。」素桑看著飛船又想到了主意。

「沒有問題的，可能有些程式要升級，但基本上本體是沒問題的，這些生物科技可以自行修復，性能很好的。」亞穆娜回答。

「那下次你回去的時候可否帶上我呢？我很有興趣坐太空船！」素桑興致勃勃地問。

「我也有興趣一遊！」也藍聽到也嚷著要去。

「總會有這機會的，加斯加星太遠，以地球的時間要幾百萬光年，就算用蟲洞穿過去對地球人來說也太久了，或許去一些比較近的地方！」亞穆娜在思索。

「好的，哪裡都可以！」素桑和也藍齊聲道。

她們返回小船，素桑心想這應該也是小型太空船或是太空汽車，能防水、防熔岩，能分拆整合，分拆後十分容易收藏，能上天下地，又可以用在石為燃料……真的是很好的發明，如果地球可以生產這樣的小船就好了。她覺得這應該是所有地球人無論哪個時代見到這些外星種族都會問的問題。雖然素桑不會對他們有敬拜之意，但對於學習他們的科技，素桑想地球上應該沒有一個科學家會拒絕。

14

非洲星族
帶來的富庶日子

兩、三百萬年前的非洲十分富庶，當時使用在在石研發很多高科技，有太空船並跟不同星族接觸，還有水力、太陽能、天然氣，地下有黃金、在在石，非常富裕。當時的非洲民族是一個很大、很團結的民族，堪稱泱泱大國。如果不是火山爆發、板塊移動、冰河期，這個地方一定會是地球最先進發達的國家。

亞穆娜依舊使用幻彩水晶駕駛著小船，她的一隻手放在水晶上面，水晶裡面的顏色開始轉變，水晶裡面的雲霧也在浮動。大家並沒有返回原路，倒是進了另一條水道，非洲的地下似乎充滿各種水道，從水道可以通往這個國家不同的地方。這條水道並沒有什麼特別，只是比較窄長昏暗，也沒有水晶，裡面透著一股寒氣，跟之前的火海有著天壤之別。沒多久她們在水道的盡頭停了下來。

「停船靠岸，待會我們接了人之後會回來！」亞穆娜好像對船下了一個指令，說完便從船上下來。

素桑和也藍跟著走了一段路，地勢有點顛簸不平，最後一段路有點像斜上的旋轉樓梯，走到頂是一個樹洞，洞口不大能容一個人彎身出來。外面陽光燦爛，清風掠過，「好新鮮的空氣！」也藍說著，深深吸了一口氣。

樹洞前面是廣闊的草原，有一群斑馬在吃草，黑白間條在一片黃綠的大地上特別顯眼。素桑回頭看到樹身粗壯的參天大樹，濃密的樹葉下可能還藏著其他小動物，旁邊沒有其他樹，整個平原看來只有這一棵。亞穆娜帶著她們走在平原上，天氣有點熱，大地除了動物在奔跑，鳥兒在飛，還有風吹過草叢的聲音。

素桑心想：「如此優美的環境，如何能想像這國家的另一隅可能正在經歷戰亂？還好，亞穆娜帶我們走出來的地方不是戰爭的國家，不然不知道要怎樣應付！」

大家一直走了大概一個小時，漸漸離開了草原。前面的路看似是一片樹林，走進樹林裡光線比較暗，一縷縷陽光透過樹葉照落到地上，樹葉的影子輕輕地印在地上和樹上，林裡透著濃濃的草葉味道，空氣裡帶了點甜，素桑一行三人在樹林裡欣賞著這裡的一切。這些樹看起來極其相似，大家穿梭在樹林裡，有好幾次素桑覺得自己好像走回原來的地方，但每每在前面又會出現不同的轉折點。亞穆娜對這裡的環境似乎很熟悉，在這茂密的森林裡，她很清楚每一步的去向，素桑和也藍也只好跟著。

前面有幾棵參天大樹縱橫交錯地形成了一道很大的入口，她們沿著兩旁樹騰出的路走進了一座小村，裡面的人口不多，全部是女性，不管是年輕、老弱還是小孩，這些女性的面容不知用什麼方法畫上點點凸出的花紋。亞穆娜跟她們很熟絡，每個人都跟她用這一族特有的手勢打招呼、擁抱，村裡的人很歡迎她，也對素桑和也藍報以微笑。

「你知道我們來這裡做什麼嗎？」也藍悄悄地問素桑。

素桑對著她做了一個不知道的表情。

「你知道我們離開以色列沙漠到現在過了多久？我覺得時間好像過得很古怪，我們經過水晶地河，去過內地球，見過賽尼，又到過火紅海，再到過太空船，如果以普通時間計算應該過了幾天，可是我的身體又不覺得過了那麼久，至少我沒有吃過東西也沒有飢餓的感覺，甚至沒有睡覺！」也藍說。

「是很奇怪，時間有些錯亂，我覺得地下的時間跟地面是不一樣的，可能我們只是過了地面時間的幾個小時或更短，我們離開以色列沙漠的時候是下午，現在這裡是黃昏，這不可能是同一天的黃昏，但我們既沒有睡覺、吃東西，也不曾覺得肚子餓。」素桑也覺得很奇怪。

亞穆娜帶她們走到一個用樹幹搭建而成的帳篷，裡面的空間很大，這裡可能是她們的共用空間。

「我們會在這裡先休息，等一會天黑她們會做篝火晚會，你們如果餓了可以先吃這些水果和喝她們的水。她們的水是地下深處的水！」亞穆娜說完，沒有等素桑發問就走了出去。

素桑和也藍喝了點水也吃了水果，本來沒有覺得累卻坐著坐著就睡著了。不知睡了多久，素桑醒來發覺天色已黑，微微地聽到外面的鼓聲和歌聲，這裡沒有電但她們好像放了一些會發光的石頭，讓這裡有些微弱的光線。

素桑看到身邊睡得很沉的也藍，沒有打算吵醒她，於是一個人循著鼓聲的方向走去。剛進來小村時以為人口很少，誰不知現在看來，少說也有兩、三百人，大家圍著圈在跳舞，她們的身體也塗上了顏色，有些戴上的木製面具上畫了不同的動物，有豹、獅子、斑馬、彩色的鳥……前面有一個大概兩公尺的高台，上面有一個用木頭製成像是祭壇的平台，祭壇的前面有一個很大、上面塗了各種色彩花紋的黑色器皿。沿路走來地上都有些泛起藍光的石頭，素桑抓了一把看，像是在在石。

素桑一直在尋找亞穆娜，只見她也換上了她們的衣服，臉上也畫了花紋，而且並沒有把第三眼隱去，上身基本上只用了色彩和裝飾，脖子上戴著層層疊疊一大串長短不一、色彩鮮艷的頸箍和項鍊，把她的整個上身都掩蓋了，而下身就繫上一條用草或木絮做出來的裙子。跟著她一起走出來的女子大概五、六十歲，地位應該很高可能是族長，其他人見到她都會露出尊敬的表情，嘴上也會發出一些格格格的聲音。

大家一見到她們就讓出了一條通道。這個女子面容高貴，臉型是尖削的，額頭高且飽滿，眉心很寬，兩道眉毛濃黑而長，顴骨寬大，嘴唇也比較厚，梳成小辮的頭髮用一條頭巾紮起，上面戴上一些飾物，她的臉上除了白點，也有一些線條。她雙眼很大，最驚訝的是她也有第三隻眼睛，看來她跟亞穆娜很有關係。

她的上身除了飾物和顏色，還有一件由小珠子串成的衣服，亞穆娜和這個女子慢慢從樓梯走到高台上，上面還有兩張椅子，她們一起上座，當她們坐好後所有音樂戛然而止。旁邊有一個似乎是巫師的女子，看起來六、七十歲，拿著一根木頭樹根手杖，短短的花白頭髮戴上一個用木和樹葉做成的頭飾，皮膚已然看到風霜的痕跡但也是畫了點與線。

她揮手示意侍衛，當然也是女的，個個高大挺拔，光頭但紮了一條彩帶，身上戴了一個看似是護心鏡的金色圓片在胸前，下身也綁了一塊條紋的布，手上拿著長矛，有些背後還背著箭桶和弓。她們帶來了兩個年齡相同的小孩，一男一女，大概五、六歲，看起來是雙胞胎，他們的頭髮和眼睛是金色，但皮膚是黑色，眼睛從素桑的角度看去好像是貓的眼睛，不像人類的瞳孔。素桑還是第一次在這裡看到男性。

巫師替這兩個小孩做了一個儀式，當中像是半跳舞，半吟詠，像西藏的跳神，但毫無疑問巫師是半醉半醒的，然後在剛才黑色帶圖案的器皿內取了些黃色的液體，畫在臉上和額頭三眼的地方，再用一支棒（實在看不清是什麼質料、顏色）畫在上面。兩個小孩的第三眼慢慢打開，開始的時候是一條縫，然後慢慢打開，裡面金白色的光從夾縫裡射出來，黑暗的環境頓時變得光芒四射，其他族人都把手分開，掌心朝光，睜著眼接受這些光。

素桑不知道如何做，唯有模仿她們，只感覺有一股暖流似的光進入體內，讓人感到暖和與連結。族長為她們唱了一首音頻很高帶點憂怨的樂曲，感覺像鄉愁一樣一絲一點地滲透入內。她唱的時候，一陣陣金白色的光包圍著所有人，素桑的眼睛自然閉上，內心感動，好像宇宙在跟她說話，訴說這宇宙發生的一切，而這跟她是一體的。

樂曲尾聲，所有的族人發生高低不同混合一起發出同一的音調，就像初次看到無邊宇宙所起的虔敬之心。歌聲完畢還是留在素桑的腦海裡揮之不去，往後夜闌人靜的時候她總會慢慢想到這一幕。

儀式做完後，族長把這兩個小孩交給亞穆娜，素桑猜想這次來的目的是要帶走這兩個小孩，他們應該是要回去內地球的星子學校。亞穆娜帶著兩個小孩走到素桑面前，孩子很可愛，眼眸形成一線。

「你記得我跟你說過，我是要來找這些進化了的小孩嗎？」亞穆娜問。

「記得，他們是跟加斯加星球有關的是嗎？是你們曾經用胚胎孕育出來的星族人後代嗎？」素桑一直看著他們說。

「是的！你如何得知？」亞穆娜微笑點頭說。

「這太簡單了，這裡滿地都是在在石，整個族只有女性，族長跟你一樣有三隻眼，還有什麼看不懂的？只是我很好奇他們有什麼異能？」素桑好奇地說。

「他們都擁有貓科類動物的能力和本能，這包括豹、老虎、獅子、美洲豹、雲豹、美洲虎、山貓和獵豹等的速度和跳躍能力，能夜視，也能跟動物溝通。我們暫時只發現這些，但我相信他們還有其他的能力。另外，這個男孩好像能放射一些很強的電磁波，女孩可以穿牆過壁，只是還不知道確實情況，所以要帶他們回去研究和訓練。」亞穆娜說。

「哇！他們的能力簡直就是科幻電影，他們也已經是經過世代混血的，但能力還是那麼強？」素桑問。

「這些是不超過五代混血的，你看到族長和族人都是比較像純正的加斯加星族人，族長是罕有經過混血還有三隻眼睛的。他們年齡都比地球人長很多很多。你看的這些小孩，少說也有幾百歲才會長成五、六歲模樣的。」亞穆娜繼續回答。

「哦！原來是這樣！他們為什麼會留在這裡，成為非洲的一族？我知道非洲大概有三千個族群、兩千種語言，在非洲最大的是有三千五百萬人的約魯巴族，居於奈及利亞，而在南非最大的是有一千一百萬人口的蘇魯族，你們這一族似乎人口並不多。」素桑邊問邊想。

「我們希望隱藏在這裡，因為這樣不會招致人類的懷疑。」亞穆娜說。

「但非洲的其他種族跟你們有關係嗎？在坦尚尼亞的哈扎貝一族跟你們加斯加星人倒有些相似之處，都是沒有婚姻制度可以隨意分合的。還有由十六世紀開始已經被人販賣的黑奴呢？可有影響你們？」素桑問。

「他們留在非洲便可以隱忍於地球人中不被發現，很多非洲的種族是星族人的後裔，或曾經見過星族人而模仿他們的，但那些星族並不能在地球長期居住或已死亡，所以他們的後裔也只可能按照他們所記載或口傳而存活，當然有很多已經完全偏離了真正的星族，剩下的只是以訛傳訛的形式。」亞穆娜慨嘆。

「你還記得我跟你們說過兩、三百萬年前的非洲十分富庶，當時使用在在石研發很多高科技，有太空船並跟不同星族接觸，還有水力、太陽能、天然氣，地下有黃金、在在石，非常富裕。當時的非洲民族是一個很大、很團結的民族，堪稱泱泱大國。如果不是火山爆發、板塊移動、冰河期，這個地方一定會是地球最先進發達的國家。這是幾百萬年前我們選擇來地球居住的地方，我們仍然留在這裡，是因為相信有一天我們可以幫助這個地方重建昔日的輝煌。」亞穆娜接著說。

「現時要重建非洲面對的最大困難可能是經濟、醫療和政府，很多人以為非洲是一個國家，其實非洲裡面有五十四個國家，擁有一千兩百萬平方英里再加上大概有三千個族群、兩千種語言，人口超過十三億。所以也代表裡面有很多不同的政府領袖，每個治國的方法和標準均不同，有些國家很富裕也有一些有戰亂和貧窮。他們有些國家雖然仍然有內戰和不公平，可是有些國家發展得比較穩定，例如波札那、納米比亞、塞席爾、盧安達、摩洛哥是在治安、經濟和政治上都比較穩定的國家。

「其實我很多年前去過南非，那時南非的犯罪率很高，現在的南非也沒有好很多，在街上搶劫是常有的事。我還記得，那時在南非的一個朋友，他們家門口有兩個守衛，因為入屋搶劫是非常平常的事。在街上也要小心保管財物和證件，特別在南非的街道，自駕的時候必須把門窗鎖好，因為在停紅綠燈時會有人把你車上的錢包劫走。還有在南非街頭要特別小心，除了搶劫，強姦也是時有聽聞的，所以單身女子都要避免行走在僻靜的街道。聽他說完眞的有點被嚇到，還好在旅客比較多的城市，政府指派了更多的警察在保護遊客。總之我在南非的時候一直有點提心吊膽，直到去了下一站看老虎、獅子才比較安全。

「除了治安，醫療也是一大頭痛問題，他們每年約有一百六十萬人死於瘧疾、肺結核和與ＨＩＶ相關的疾病，這些問題只要有藥物、疫苗和其他相關的健康服務是可以控制的，但非洲本土出產的藥物只佔所用藥物的百分之二，這代表很多病人沒有藥物，而進口的也不能負擔。另外全球五歲以下小童死於肺炎、腹瀉、痲疹、愛滋病、肺結核和瘧疾的，非洲佔了百分之五十。

「他們需要解決乾淨水源的問題，並可持續負擔藥物，和維持診所設施在人口集中地的一個小時步行範圍內。在其他國家是唾手可得的藥物，在非洲卻是十分珍貴。而非洲內不同國家的政府、種族、內政問題就更是複雜，我不知道你們可以怎麼去幫助他們，但我眞的希望能夠為他們多做一些，讓非洲的明天會更好。」素桑自覺對非洲的瞭解不夠，所以也不敢多說，只是她內心知道這些國家一定會富強起來，他們彷彿在等待一個／一班能夠幫助、改變這些現象的人和機會。否極泰來、物極必反是宇宙的必然定律。

「我錯過了什麼？」也藍睡眼惺忪地走過來問。

「一場光之舞，兩個可愛的小朋友開啟第三眼和一首很好聽的宇宙之歌。」素桑打趣地說。

「眞的嗎？都完了？但我實在太累了，一坐下就昏迷了，那現在我們要做什麼？」也藍繼續問。

素桑攤開手聳聳肩。

「你們先吃一點東西？再過一會我們便會離開。」亞穆娜回答。

一些族人圍著火堆在燒烤她們打獵回來的動物，另一些把食物放在一張大桌子上，上面放了些野莓、香蕉、蜂蜜、一些根部植物和烤肉，這些都是她們採摘和打獵回來的食物。素桑和也藍都是純素食者，野莓、香蕉就最好不過了，最後還喝了一杯不知道放了什麼的草茶，十分美味。

素桑自忖道：「為什麼她們擁有如此智慧和科技，還會選擇這樣過活？為什麼？」素桑的心裡有十萬個為什麼。

「我知道你心裡的問題，但她們在非洲已經居住幾百年了，這是最適合她們的方法。她們不需要高科技，她們本身就擁有地球人認為的高科技，能夠生活在大自然是宇宙裡最奢侈的生活。這裡還有能呼吸的空氣，找到能喝的水源，能躺在夜空中看星星。她們有能力保護整個族人，有需要時可以隱身，也可以幫助我們知道非洲的情形，幫助連結在非洲內不同的族群，讓他們明白現在的處境，教導他們要如何包容、團結，同時要修復非洲多年以來被內戰破壞的能量、販賣黑奴為這個國家帶來的恐懼和憂傷。

「非洲有大量天然資源，包括黃金、鑽石、銀、鐵、鈷、鈾、銅、鋁土、石油、可可豆、木材，但開採的同時除了造成戰爭外，還因以往科技不發達而損失了很多性命。還有伊波拉病毒、愛滋病、黃熱病、登革熱、非洲人類錐蟲病、蟠尾絲蟲病、利什曼病等。

「這些都會在他們的精神記憶裡流傳下來，就像當年摩西帶以色列子民過了紅海後，在沙漠走了四十年，這並不是因為他們需要走四十年才能走出來，而是他們不要族人在進入以色列仍存有奴隸的記憶，他們希望族人自信、自由。同樣的，如果他們世世代代都覺得他們自己是貧窮、患病，還是像奴隸般在礦洞裡被鞭策，那他們的靈魂還是會有這種記憶，不斷輪迴之後會變成一種潛藏的感覺，所以我們會通過土地、水和能量來幫助他們清洗這些殘餘的能量和感覺。」亞穆娜告訴她們。

「這個我很明白，這跟我們能量救援隊的工作很相像，我們不只是清洗殘餘能量，也幫助需要的國家提升他們的能量，保護他們，讓他們跟源頭的光連接，最重要的是讓人心可以感受到光而修正。」素桑想想然後回答。

「我們也知道你們的能量救援隊做得很不錯！在如此短的時間你們為地球做的事情當眞不少！」亞穆娜說。

「你們也知道嗎？是的，大家眞的很努力，通過瞭解、訓練、摸索、不斷嘗試，他們做得很好！」素桑很高興地說。

「當然知道，半個宇宙都知道你們所做的，因為你們都會連結宇宙源頭、空性、各位大老師的力量，宇宙內哪有祕密，我們是全息宇宙，只要一點通點點通！」亞穆娜點頭稱讚。

「如果同學們知道後一定很高興！」素桑滿臉感激地說。

「我知道你心裡面還有問題，但你的問題我不能解答，它會自行顯現的，現在我們要離開這裡把小孩帶回星子學院。」亞穆娜明言。

素桑冷不防亞穆娜會這樣說，只是不住地點頭。

大家先送了小孩回星子學院，賽尼、瑪雅和秋丘已經在等候。瑪雅表示她希望暫時留在這裡。大家相擁道別，素桑心想：「瑪雅長大了，終究會有離開我的一天，只希望她能找到心中的道路。」

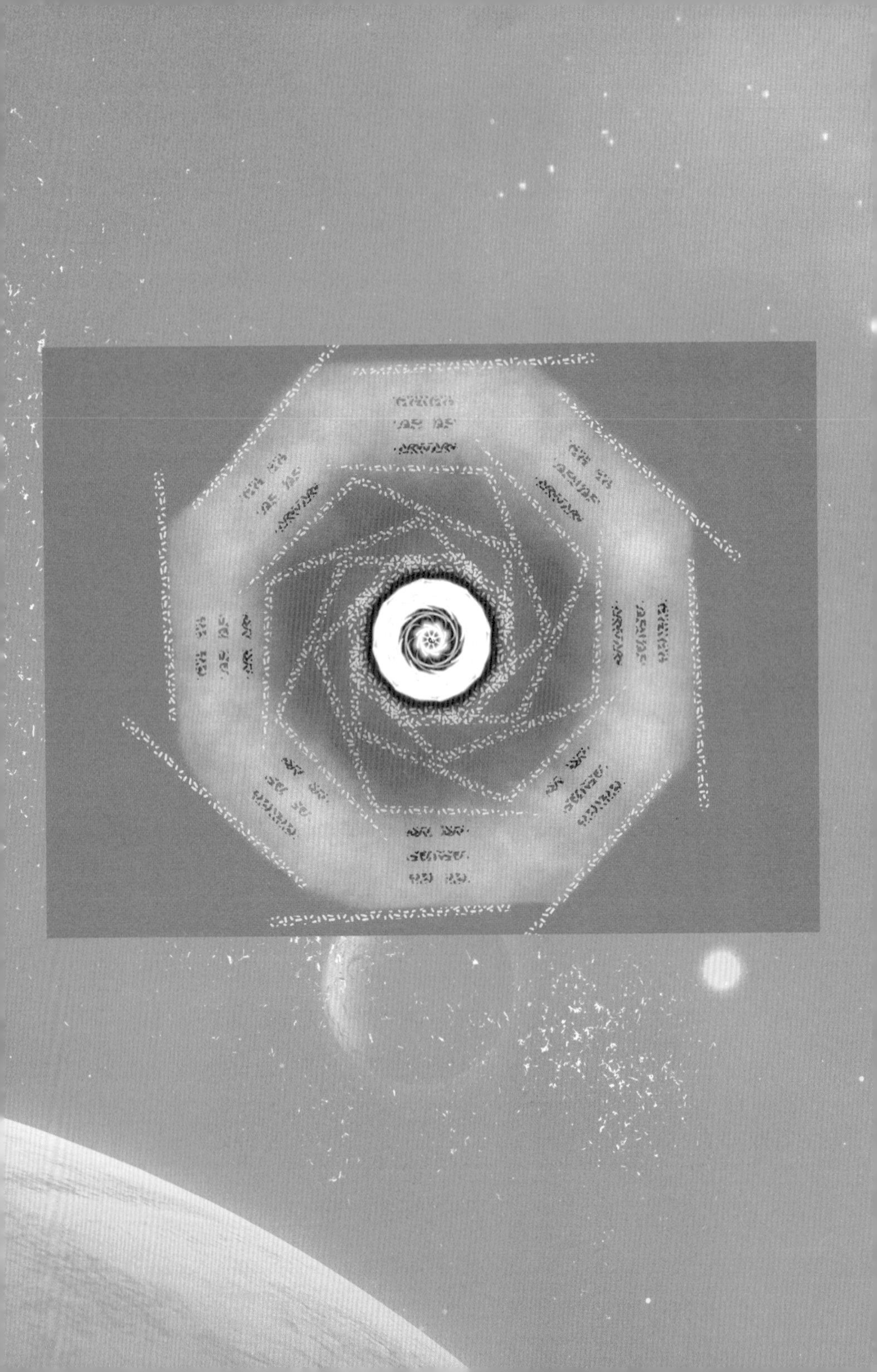

15

伏羲先天八卦圖的星空印記

天災之所以不能百分百預測，是因為它的出現是按照當時地球和宇宙恆星的相互引力，再加上地球人的識和業力所共時發生的。地球上若以地球人為統治者，那麼你們每個人的識、思維和業力都是這些災難的始作俑者。越多勢力希望統治地球，只要他們的念不純正，地球所遭遇的天災就會越加猛烈。

亞穆娜、素桑、也藍三人幾經輾轉又回到以色列沙漠的山洞，亞密和亞倫還沒有醒過來。

「我們離開了多久，怎麼說也有幾天吧？」也藍問。

「大家離開了大概四個小時左右！」亞穆娜說。

「才四個小時！我們去了好多地方做了好多事！」也藍不解地說。

「在內地球的時間跟地球是不一樣的，你們唯一花了時間的地方是在非洲！」亞穆娜笑著說。

「所以他們只是昏睡了幾個小時而不是幾天？」也藍說。

「他們醒來也不會記得的，只覺得是休息了一會兒。」亞穆娜指著亞密和亞倫說。

當亞密和亞倫醒來的時候發覺天已經黑了，覺得有點奇怪為什麼會睡那麼久。亞穆娜忽悠了他們一下，只是說他們走了一整天在這裡休息，現在是時候去做晚餐搭帳篷。

「瑪雅去了哪裡？」亞倫精神還沒有很集中地問。

「亞穆娜把瑪雅帶到一個很安全的地方，教導她做一些練習，在這裡不遠處，我和也藍也去了。」素桑知道亞倫一定會問，所以直接告訴他，只是沒有告訴他們地方在哪裡。

「這裡不遠處哪有地方做練習？你確定她安全？晚上在沙漠是很危險的，有些人甚至家犬在沙漠走失也會發瘋的。」亞密也跟著說。

「她眞的沒問題，過幾天她就會回來，亞穆娜會把她接回來的。」素桑語氣很放心。

亞密想，既然素桑覺得沒問題應該就沒問題，只是這個沙漠還有地方和人能做練習，就有點奇怪。

「這裡你不是也不知道嗎？」亞穆娜知道亞密的疑惑就加了一句。

大家靜靜地搭起了帳篷，也藍快手快腳地準備食物，亞密升起營火烤麵包、馬鈴薯，每個人都沉浸在四野無人的夜色中做著自己手上的事情。吃完晚餐，亞密和亞倫坐在旅行摺疊椅上聊天，對之前發生的事情好像沒有什麼印象。

亞穆娜、素桑和也藍平躺在墊子上，想起昨天晚上也是一樣，只是現在此一時彼一時。素桑心裡有問題，只是她默不出聲地閉上眼睛，希望在內心把問題看得更清楚一點。當她閉上眼睛的時候感覺有一束很強的光把她吸去，這個光不是從外面來的，應該是在她之內。

素桑張開眼睛看到另一個自己。

「我在哪裡？」素桑問。

「在你內！」聲音回答。

「這是我的心嗎？還是我的三眼空間？」素桑在審視。

「這是無盡的你曾經出現過的空間，這裡有過去、現在、未來，沒有你之前及當你離去之後。這個空間的存在只因你仍有『我』的神識。」聲音說。

自己說著的時候幻化出很多的形象，姬理伯蘭迪的翼，源生星族的透明模樣，金色星人的樣子，還有很多地球人的樣貌，上古的，東方、西方的，騎著龍，拿著劍的，手上有一個很大的圖騰印記可以在虛空中畫出一個門戶，那些日子真的讓人十分痛快，大地沒有黑暗，就算有也可以揮軍打下，一切是如此黑白分明。從什麼時候開始，人類開始沒落，然後大地一點一滴地被這黑暗籠罩。

自己不知道什麼時候穿起了一件戰衣，渾身白金盔甲，雙翼的羽毛變成一條條堅硬無比的金屬，張開可以抵禦一切攻擊，看到四面八方的火球、能量球、光柱、黑色的雲霧狀物體在天空中散播，這些雲霧落在其他人的身上會被侵蝕成一個個小洞，有些嚴重的會只剩部分身體，像胳膊、手、腳、肺，最後連心也沒了。

很多個「自己」在不停地變大，手中拿著各種兵器，突然間天空中出現了一個泥黃帶金色皮膚的人，他很強壯、巨大，走在土地上感覺整個山嶽都在搖晃，他高顴，鼻直，深眼眶，眼睛斜斜直上天蒼，上半部的頭髮綁起，下半是垂肩直髮，身體穿著像獸皮的衣服，旁邊有一隻有長牙的老虎。只見他往空中拋出一個像先天伏羲八卦的光圖，它像一個大光網把覆蓋著整個地球上的黑色雲霧狀物體包圍著，雲霧狀變成點狀，在八卦光圖中間連珠發下一條條藍色像冰一樣的光柱，每一點都被一個柱體死死地釘住，所有黑點點變成一個球體，上面佈滿了藍色冰柱，泥黃金人咆哮一聲把這黑球體轟出地球，它們一下就被黑洞吞噬，就像獵人看見獵物一樣。

素桑記得曾經有一個星人朋友噶唄隆多跟她說過伏羲的故事，隆多說：「伏羲是我家鄉的人，他在地球形成之初已經來到，他以我們家鄉的能量理論在地球這個二元對立的世界創造了易學、陰陽五行、八卦、六十四卦，但當時並沒有文字記載，眞正的易學是沒有文字記載的，反之他使用序數的概念來解析當時地球的能量流轉，和按天象的研究寫下了河圖，這就基本形成了伏羲先天八卦圖。易學就是包含一切有能量流轉的學問。」

「伏羲先生當時為何要創立這些能量符號？」素桑問。

「當時他所居住的世界最需要知道的是自然現象的變化，如何時會有大水或打雷或地震或颱大風，他要帶著當時的人類遠離這些危險，所謂八卦就是八個自然現象，乾天、兌澤、離火、震雷、巽風、坎水、艮山、坤地。他是透過研究在地球所看到的星空而研究出河圖，其實這應該是一個星河圖才對。同時因為地球是二元對立的，所以就有陰陽的概念，白代表陽，黑代表陰。但其實舉凡有能量流轉的地方就可以運用易學這個計算方法去接收更多的資訊，這並不是要來占卜的。而這些符號圖在沒有文字以前是最容易讓人們明白和流傳的。」噶唄隆多說。

「其實我對易學、河圖等並不認識，你可否進一步跟我解釋呢？我一直以為這些都是中國的傳統智慧，從來沒有想過這一個系統跟你們的星球有關。」素桑問。

「當時伏羲在地球觀星空，並發現每月的初一、初六位於北方的水星會特別明亮，初二、初七位於南方的火星會特別明亮，初三、初八是東方的木星，而初四、初九則是西方的金星，至於天空中間的土星就會出現在初五、初十，他取了因數，這樣他就記錄了星空的規律，這就是時間，伏羲用方位和數字記序放入圖像，就成了這個先天八卦圖。」噶唄隆多解釋道。

現在看著這個八卦的圖像彷彿又是另一個作用，它可以把失衡的陰陽能量制衡，將超出負荷的負性能量吸收重新排出地球，讓陰陽再次得到平衡。突然間這個先天八卦圖的形象，河圖最初的觀察就好像一齣電影那樣在素桑面前顯現。

回到當下一切又歸於自然，伏羲先生仍在，他站在河邊把河裡黑色和白色的石頭拿出來，分成四堆，第一堆二黑、七白，第二堆一白、六黑，第三堆三白、八黑，第四堆九白、四黑，中間一堆五白、十黑。他看著這堆石頭，仰天從口裡吐出黃光包圍著一切，黑、白石頭緩緩移動，它們開始構成圖案。期間是白石在外黑在內，然後反轉變成黑石，時而直線時而打圈，之間圖案不停地在改變，似乎是因應當時內外世界能量流轉而改變。

最後一幕，那些黑石和白石圖不再是平面圖，反而成了一個三維圖案，然後裡面的分子、等離子互相撞擊形成了一個氣牆，黑、白石混作一團不能分割，當石頭再次分開的時候，它們好像有了生命意識，能隨時依據時間、星象、地磁能量的改變而拼湊出新的圖案。

「你內心有問題是嗎？」伏羲用一種與人類不同的音節把話說出。

「是，有太多了！」素桑看著面前這個黃金色的人說。

「你剛才用來對付黑色如細菌的霧狀物體是先天八卦圖？」素桑說。

「是，但剛才用的是宇宙版本，不是地球版本。」伏羲答道。

「兩者的分別是什麼？」素桑問。

「宇宙版是使用原本的宇宙能量驅動，並不只是以地球的二元對立和從地球所顯示的星宿、地磁為基準。」伏羲說。

「對於現今的地球你可有提點？」素桑繼續。

「在沒有到達下一個週期之前，應該不會崩塌，狂風、地震、海嘯大水的頻率會增加，地球的能量也會如以往一樣有盈有虧但還不至毀滅，但你們倒是需要對一切意料不到的來臨做出更好的準備，就如千萬年前我使用八卦圖接收地球情況的信息一樣。」伏羲道。

「你所說的現今我們的電腦不是在做嗎？但為何就算做出預估還是不能完全成功躲過這些天災？」素桑問。

「如果能降低百分之七十的危險就已經很了不起了，天災之所以不能百分百預測，是因為它的出現是按照當時地球和宇宙恆星的相互引力，再加上地球人的識和業力所共時發生的。地球上若以地球人為統治者，那麼你們每個人的識、思維和業力都是這些災難的始作俑者。越多勢力希望統治地球，只要他們的念不純正，地球所遭遇的天災就會越加猛烈。」伏羲解釋說。

「那麼我們現在就只是往死裡轉，現今想操縱地球的各種勢力不知道有多少是真正為地球的呢？真正想為地球的自由和平而努力的連皮毛也碰不上。」素桑說。

「你也不用那麼悲觀，只要你們團結一心為地球的自由與和平努力，總有一天會看到曙光的。」伏羲說完後就在眼前消失了。

「我們如何能團結？對我而言如何在三維世界持續訓練更多光戰士去保護地球，如何持續？如何連結更多同道人關切？」素桑心裡想道。

「答案是等待。如何訓練是等待，等待他們準備好，等待他們成熟，等待他們認識自己的每個關口，等待他們找到自己要走的路，等待他們接受自己，相信自己！等待他們自己走出來。」剛才的「自己」又回來。

素桑一邊聽進心坎內，覺得一直卡著、躊躇的結慢慢鬆開。

「我知道要等待，我也發覺教導的方法跟近幾十年地球的三維教導方法有點不同，特別在這些沒有被編進正式學校規格的心靈、能量課程，大多數人覺得這只是閒著沒事才做或興趣班的課程。過去幾十年的靈性、能量導師或多或少因為課程收費問題，只能一個一個課程收費教授，有些收費不菲。當然還是有一些印度的老師保留傳統，就是學生來求法，他可以留在那裡跟老師見面，待老師覺得學生可以教授，會開始慢慢地把他需要的傳授給他。

「這個過程可能是很漫長的，老師需要慢慢看清楚學生的人、性格和心才決定是否收為徒弟。學生也要觀察老師是否浪得虛名，這樣就可能需要好幾年的時間。在古印度，老師要觀察學生七年才會傳法，當然這個在現今社會是不太可能的事，我也不能自比大師，所以有同學來報名，經過對話審核就會接收，接受率大概是報名的百分之五十。

「可是我漸漸發覺這個課程並不是一個三天兩夜的課程，它最少需要一年，要一年的時間才能把他們教出來，開始學會懂得保護自己，學會觀察自己的心，觀察周圍環境所發出的訊息，需要這段時間去鍛鍊身體。能量救援是以光為介體，是名副其實的光行者、光戰士，但如何傳送光需要方法，要知道如何收集和激活身體的DNA和RNA去承受更多的光。普通人的身體除非他的思維很純淨，否則身體會被三維世界的食物、生活、妄念所侵蝕，然後讓它們不斷累積，最後身體就會變成很沉重的物質，連光也透不進去，更不要說去成為光的載體。所以年紀越輕越容易，心越純越好，不然就需要時間一步步來。我發覺一年的試用期已經是最少的，但我確實想再縮短些，只是等待了很久也沒有答案。」素桑心裡邊說邊微笑。

這個答案她清楚得很，很早以前已經是這樣定了，只是她還有點不願意，因為所花的精神、時間太多。「自己」的心很明白這個過程的重要，看來她只可以相信這是最好的安排。

「你忘記了一點，當你們送的光越多，世界上人的意識、潛意識和居住在上面的生物、土地、水、空氣，會因為這些光而改變，那些同學自身的光度也會提升，這樣他們就會比較容易接受和學習。當有很多人得到提升就會出現羊群效應，這樣所有人類也會提升。」「自己」提點了一下。

「自己」若有所思。

「你可知你不需要收太多學生？每個國家三十三個就夠了！」「自己」接著說。

「是有收到這個訊息，但全世界每個國家三十三個不知道有沒有這個能力，真的有點壓力！我覺得全世界加起來只需要三十三個。」素桑抹一把汗說。

「一點一點來，能成的時候就能成！」「自己」說。

「你來看一下你們在世界各地所起的光學院！」「自己」說的同時，素桑看到前面有一張很大的地球星圖，裡面都是他們做過的光學院和星門位置，它們都連接著地球以外的宇宙，每個地方都有著大小不同的光能輸送，穩定持久。

「我看地球很快就會有第一所實體的光學院，你看到它在形成嗎？」「自己」說的時候高興地手舞足蹈。

素桑看到了這所光學院，也看到那些不同的連結和每個同學的努力，雖然有些同學接受完訓練後可能還是不適合做能量救援隊成員，但他們在這個過程中必會找到他們的路。

素桑一直留在這直到體內的光慢慢散去，腦海裡還是一片空明，她輕輕地讓腦海有著自己的空間，沒有任何多餘的思維。素桑一點一點地回到現實，她還是躺在墊子上看星星。

「你剛才睡著了嗎？」也藍問。

「沒有，只是沒有在這三維世界中而已。」素桑回答。

「我剛剛覺得我們可能要復興那些幾千年前使用的教導方法，當然這個方法在一些佛寺、道觀還是沿用的，近幾十年就只有一些印度的靈性老師會使用這些方法。也不是什麼方法，只是大家有一個地方可以聚在一起學習、生活，因為有時所謂的上課，不一定是以上課的形式，有時生活本身就是一種教學，當然如果這個地方大家可以有農田耕種，有公共的廚房可以煮東西，也有定期的課堂，大家可以在這個社區裡面工作自給自足……」素桑繼續說。

「你說的有點像基布茲（Kibbutz），基布茲最初的原意是一個以農業為基礎的烏托邦社區，是社會主義和猶太復國主義的結合，但現在很多基布茲也發展工廠和高科技，傳統的基布茲是所有人分工合作，人人平等。可是這些在今年已經有所改變，但如果年輕時就開始建設基布茲，到年老的時候基布茲會提供很好的照顧，可以安享晚年。

「我想你說的應該比較像一個修行社區（Ashram），大家在那裡生活、工作、修行，近四、五十年來最有名的修行社區應該是奧修，他在美國俄勒岡州和印度的浦那也有修行社區，全盛時期有成千上萬的信徒。但當年這些修行社區所教導的工作坊對大多數人來說離經背道，所以在俄勒岡州的時候受到排斥和非議。」也藍說。

「其實這兩種都不是我心目中的社區。我們的社區很簡單，沒有宗教色彩，沒有宗師，不是靠販賣不同的工作坊但又不只是住在同一個社區。我們要有相同的理念亦是要互相扶持，例如是光行者的社區，用光和能量在日常的生活中，亦繼續用這些能量去幫助需要的人、地區、國家。也可以用光能量放在農作物上，放在水源、土地，幫助建設一個更完美的世界。」素桑憧憬著說。

「這一個構思雖然有點天馬行空，但也不是沒有可能，只要我們相信有一天這終會實現。」也藍附和著。

「這個構思是否會在我有生之年實現我並不知道，但建一個小規模的給我們幾個姐妹老了住在一起，相互幫助和修行，我看是不難的。」素桑覺得這是一定會成功的。

雖然說是幾個小時，但兩個姐妹所經歷的事情足足可以寫一本書，所以兩個講完不久後便累成哈巴狗般睡著了。反而亞穆娜一直沒有說什麼，她看著夜空，想著內地球和星子計畫，想著這些擁有特別能力的小孩，面前是多方的角力，隱形政府的、星族的，新能量政府要如何才能確保小孩們能安全地發揮所長。這裡牽涉太多變數，但願地球人能盡快有多些人覺醒看清前路，畢竟最後還是要地球人自己爭取。

第二天亞穆娜一大早跟大家道別，臨別前她告訴素桑：「儘管放心做，這個能量救援隊將會對人類有很大的幫助，也會提升他們的智慧打開很多未知的門。將來跟新的世界更容易接軌。你不用擔心，我們還會再見的，過些日子待瑪雅完成課程自會送她回來。」

「好的！明白了，謝謝！」素桑回答。

素桑回到也藍沙漠的家，建議跟其他幾個姐妹一起開線上會議，交代一下大家最近負責的項目。

「素桑，你想好什麼時候招收第三期能量救援隊員嗎？」艾璣問。

「可以在網路宣布一下，看有沒有人有興趣再說。」素桑說。

「我們這次只辦一個班對不對，不像上次辦了兩個班。一個班最多收十幾個人，應該沒有什麼問題的。」艾璣答道。

「上次最後也不夠位置容納所有人，宣布一下再算，現在還沒有感覺是時候。」素桑若有所思。

「我覺得可以再訓練一些，但也不需要太多，人太多太複雜，同時要處理那麼多人比較費力，雖然我們確實需要再多添一些隊員來分擔工作，但一步一步來吧！現在人不算很多，有些像家人的感覺，大家也稔熟，我樂見他們都能互相幫忙。」素桑再說。

「艾璣，你的MU陸地重現做得如何？」素桑問。

「最近忙於處理中東局勢要大力送光，MU大陸那一面有點停滯不前。」艾璣回答。

「可能有人會有一個地方讓我們做中心，但現在言之尚早，要查察那個地方是否適合並以什麼形式給我們用，象徵式收費多少，年期如何等等。如果成事對我們的幫助很大，因為我們一直不贊成要付昂貴的租金去租一個中心，這樣我們每個月只會想著要做很多事情，教授很多課程才可以負擔租金，這偏離了初衷，會影響我們的決定，因為一切都要以交租為目的。但如果我們有一個適合的場地聚集會員，雖然現在大部分的人都會選擇線上課程，但有一個實體的地方還是有很多好處的。」菲月報告。

「這個計畫很重要，如果真能達成何嘗不是一個奇蹟！」素桑回答。

「也藍，在以色列教授農務學生如何連接土地和水能量的計畫，進展如何？」素桑繼續問。

「已經跟農務學校溝通好也定好日子，我們會先跟他們做一個介紹班，然後建議做一個四堂的短課程。由於這些學生都是來自第三世界國家，如泰國、越南、柬埔寨、尼泊爾、非洲等地，他們來以色列學習先進的農務技術，我們相信讓他們連結土地和水可以幫助農作物的生產，也可以收復土地的能量，改善天氣。最重要是讓他們學會跟自己和自然環境溝通的方法，懂得如何尋找問題的答案。這些在課程裡面都會講解的，也可以在介紹的時候瞭解更多他們不同國家所面對的問題。」也藍解釋道。

「好！我覺得這個很有意思，也會真正幫助很多人，慢慢每個地方都會有我們的能量印記，那麼對於我們以後連結不同地方，興建更大的能量場將會有很大的幫助。」素桑說。

「這個項目可以讓我們的工作帶到全世界，讓我們多了解不同國家的問題和需要，十分有趣！至於會員與救援隊學員這邊暫時沒有什麼，我們一樣是一個月一次線上聚會和靜心，另外他們保持每天送光任務。」琉芝說。

「好的！大家還有沒有什麼要討論？我覺得從成立到現在，雖然只有一年多的時間，但我們已經做了很多，大家慢慢磨合後也會認識更深層次的自己，這些都會幫助我們成長。」素桑說。

「你最近有沒有汐卡的消息？很久沒有見過她了。」艾璣說。

「有的，她從蒙古回來了，可是想著到泰國定居，不知道決定了沒有？她有她自己的掙扎，我們每個人都會在不同的時候面對不同的關口，她也在面對，準備好的時候便會歸隊！」素桑回話。

「你打算留在以色列還是另有計畫？」艾璣問。

「還沒決定，明天先回耶路撒冷再說，有很多地方要去，還有很多星門要打開和修復，只是還沒有想到下一站是哪裡。要不要一起去伊朗？這個地方一直在呼喚我，我不知道為什麼但這種感覺越來越強烈。其實更想去的是伊拉克——美索不達米亞、蘇美與巴比倫，只是現在應該不能去伊拉克，所以先到伊朗感受一下。」素桑問。

「眞的嗎？好呀！這個地方我想去很久了，只是沒有伴一起去，願意去中東國家的朋友沒幾個！」艾璣說。

「去這些中東國家找你是最適合的人選，以你和他們以往的星族聯繫，我們可能會得到很特別的待遇。你什麼時候有假期？下星期可以嗎？」素桑笑說。

「可以呀！反正我已經辭職，你忘記我要全職做多瑪學院嗎？現在已經轉了半職，交代好就可以走！兩星期後可以嗎？」艾璣認眞地說。

「好的，等你！那麼我們明天查一下到德黑蘭的航班再訂日期。」素桑回答。

「好！」艾璣高興地說。

然後大家七嘴八舌地閒話家常，大家平常都忙於各種生活上的擔子，還要每天做能量救援隊的工作，送光成了她們的日常。其實要送光你必須自己充滿光，所以在不斷送光給需要的人或國家的同時，你自己也滿載著光。這是你給自己和身邊的人最好的禮物。

16

核戰後的眞正黑暗

你見到的確實不只是地球的戰爭，也有在不同維度的戰爭，過去、現在和將來同時發生的戰爭，有些真正的戰爭是在核戰之後才開始的。你記得那個全黑暗的影像嗎？當人類只剩下暗黑之後……

伊朗全名是伊朗伊斯蘭共和國，在古代稱為波斯，位於西亞，東面是巴基斯坦和阿富汗，南面是波斯灣和阿拉伯海，西面是土耳其和伊拉克，中北鄰是裏海。素桑從來沒有去過伊朗卻十分嚮往波斯文化，波斯一詞對素桑有很大魔力，彷彿這就是一扇通往神話之門：一千零一夜、阿拉丁神燈、阿里巴巴與四十大盜，璀燦夜色，輕紗蕩漾，一種夾雜著神祕香油的味道，訴說著異國風情的故事。素桑覺得自己從小之所以喜歡旅行跟這些故事總能沾點關係。當然什麼都是古時的好，古代的波斯、埃及、蒙古、印度、希臘、美索不達米亞，那些輝煌時代所帶給人類的寶藏才成就今天的他們。

伊朗人口八千三百萬，佔地一百六十四萬平方公里，約等於一千四百八十二個香港、十一個紐約州，是中東第二大國家。它是世界上最古老的文明發源地之一，根據歷史學家的研究，美索不達米亞／蘇美是人類現存最古老的文明。

經過那麼多的星族訊息，素桑相信這些應該不是最古老的文明，但可能這些文明所遺留下來的是比較有力的見證。因為有很多更古舊的文明並沒有留給人們很多證明，人們有很多線索，要耐心、開放地把它們串連在一起才可以一窺全豹。儘管今天這些國家對很多人來說只是一個偏遠而富有旅遊色彩，又或是仍在戰亂中的古老文化的國家，但他們對世界的發展還是有著不可或缺的地位。

伊朗於西元前四千年形成了埃蘭密特王國（Elamite Kingdom），並在西元前七世紀的時候由伊朗米底（Iranian Medes）一統，在六世紀時，居魯士大帝（Cyrus the Great）建立了阿契美尼德（Achaemenid）帝國，將版圖擴展到巔峰，他們的領土由東歐一直伸延至印度河，這個版圖包括了現今的伊朗、伊拉克、以色列、巴勒斯坦、印度、黎巴嫩，北非國家包括埃及、利比亞，東歐國家包括亞美尼亞、亞塞拜然和喬治亞。

這個版圖以今天的標準來看，也絕對是一個很大而且有很雄厚實力的國家。西元前四世紀被亞歷山大大帝征服，並把波斯劃分成希臘國家，當時的叛黨在西元前三世紀建立了帕提亞（Parthian）帝國，到西元三世紀由薩珊（Sasanian）帝國繼位，這個王朝主政了四百年。阿拉伯穆斯林在西元七世紀成了這個國家的主人，讓伊斯蘭文化成為這個國家的主導，也讓波斯本土宗教瑣羅亞斯德式微。

七世紀開始，穆斯林把伊斯蘭的藝術、文學、哲學、建築大量引入波斯，成為伊斯蘭的重要學習中心。之後穆斯林相繼出現於幾個皇朝，直到十五世紀原居的薩法維人（Safavids）將伊朗再度統一。十九世紀伊朗跟俄羅斯帝國發生衝突導致領土損失，到二十世紀伊朗推行憲法改革，建立了第一個君主立憲制和立法機關，並逐步走向民主，而穆罕默德・李查・巴勒維（Mohammad Reza Pahlavi）的統治回復專制，但仍然在一九六三年發起一系列影響深遠的改革，包括工業增長、增加基礎設施、土地改革和增加婦女權益，不過人民對君主制的不滿最終還是釀成伊朗革命，一九七九年建立了現今的伊斯蘭共和國。

一九八〇年，伊朗和伊拉克發生歷時八年的兩伊戰爭，導火線是阿拉伯河的界限問題。阿拉伯河由幼發拉底河和底格里斯河在伊拉克境內匯合而成，下游一百公里的一段為伊朗、伊拉克兩國界河，雙方在此河上的積怨非始於一天。另外戰爭的其他原因還包括宗教矛盾和民族仇恨，這次戰爭摧毀大量平民和士兵的生命和財產，雙方均損失慘重。

在古時就有波斯跟美索不達米亞之爭，發生於西元五三九年的俄庇斯之戰，那一次波斯完勝。至於現在呢？素桑對歷史有很濃厚的興趣，但不只是歷史學家找出來的歷史，她更希望能找到上一個文明或更早文明的證據和故事。

今次的第一站是首都德黑蘭，迎接素桑的德黑蘭伊瑪目霍美尼國際機場比想像中先進多了。艾璣預訂的導遊和司機在機場接她們，雖然她們來自不同航班，但抵達時間相差不到一個小時。

導遊的名字是琶爾雲，素桑看著這個清麗女子畫了一條不粗的眼線，眼睛很大是淡綠色的，年紀應該不到三十，穿著很時髦的黑色貼身褲、長及膝的彩藍與湖水藍的襯衫，披了一塊藍綠色大圍巾把頭髮蓋住。素桑想這應該是這裡比較開放的女子打扮，感覺看起來既合乎傳統又不失時尚。

「這塊布稱為 Hijab，在伊朗所有女性都要把身體和頭髮完全掩蓋，但對遊客是比較寬鬆的，至於到廟宇或聖地就必須穿著查多，這是一塊大布，把人由頭到腳完全蓋住，連眼睛也不露出來。」琶爾雲說。素桑想在以色列也見過，有些還要從頭到腳都用黑布蓋著，在印度的回教徒也有見過這種打扮。

「我們會去逛本地人去的大市集，到時候你們就可以挑選一兩條 Hijab。」琶爾雲繼續說。

「好的，等艾璣抵達後我們再看一下行程。今天我們行程不多吧？」素桑微笑著說。她記得艾璣訂的行程都很隨意，因為大家都很即興，當然有一些必定要去的地方還是要去看一看。

素桑知道自己從不參加旅行團的原因，因為眞的喜歡一個人在旅途的感覺，那一種只有天知地知我知的感覺，可以不受任何束縛，隨時聽著呼喚而行。沒有行程，沒有一定要做的事，赤裸裸地在一個陌生的地方，不懂得語言反而更能用心去感受。這是她最享受的另類孤獨。

「不多的，今天第一天會先帶你們去旅館，再去閒逛！你朋友的飛機準時，我會到接機處把她接過來。」琵爾雲說罷便動身去接艾璣。

素桑在飛機上已翻看過德黑蘭的資料，這個城市有大概八百七十萬人口，而連結周邊城市的大德黑蘭地區就有一千五百萬人口，是西亞最繁榮的城市。它既不是伊朗最漂亮的城市，也不是最古老的城市，但近幾百年都在伊朗首都的名單中。在一七八六年卡扎爾（Qajar）王朝的阿迦．穆罕默德．汗首次將德黑蘭選為伊朗的首都，目的是讓其保持在高加索地區的伊朗境內，後來因為俄伊戰爭而與伊朗分離。伊朗首都為了避免先前統治伊朗王朝的派系爭奪，在歷史上曾多次搬遷。

德黑蘭是波斯的第三十二個國家首都，自一九二〇年代開始，它便有大規模的拆卸和重建，自二十世紀以來，德黑蘭都是伊朗不同地方大規模移民的目的地。由於是首都，有更多就業機會，醫療、學校等設施都比較完善，薪酬也明顯地比其他城市高，所以年輕人都會被德黑蘭吸引過去居住。素桑對大城市沒有什麼好感，但總會需要用來落腳，作為緩衝點適應一個新國家之用。

過不多久琵爾雲推著行李帶著艾璣走過來。

「挺快的！都很順利吧！」素桑和艾璣擁抱的時候問。

「很好！航班準時，出關、行李都很快，效率不錯！」艾璣笑說。

「現在我們先去旅館，你們梳洗一下，我就會帶你們到大市集（Grand Bazaar）去逛，你們也可以買 Hijab，然後看時間如何也可以多去一個景點。」琶爾雲一面講解，一面介紹窗外的風景。

「我們比較有興趣去的地方是雅茲德（Yazd）和波斯波利斯（Persepolis），我們對瑣羅亞斯德教較有興趣，這些地方我們希望逗留的時間可以長一點。」素桑說。

「是的，已經依據你們的需求多預留一些時間在那些地方。在伊朗的旅程有很大部分的時間會用在路上，同時偏遠的地方路也不好走。但這輛四驅車是很舒服和方便的，你們可以在車上休息。還有我們的司機先生叫法魯克。」琶爾雲說的時候指一指身旁的司機。

剛才在機場的時候沒有看清楚，現在沿路往市中心出發，看到整個德黑蘭是建在一個山脈旁。

「這是什麼山？」艾璣問。

「這是托查爾山（Mt. Tochal），整個德黑蘭都建在它的前面，非常壯麗。」琶爾雲回答。

「就像溫哥華的葛勞士山（Grouse Mountain）、開普敦的桌山、厄瓜多的 La Sierra、瓜地馬拉十字架山（Cerro de La Cruz）旁的安地瓜古城一樣，它們獨有一種懾人的氣派，往往讓人覺得群山圍抱，冬日白頭積雪，夏天多呈現連綿綠山，有些海拔高的夏天也見雪白山頭。」素桑邊看邊想。

德黑蘭給素桑的第一個印象是十分現代化，高樓大廈、汽車、市容整潔，比起埃及乾淨多了，街上的人看起來雖不算眉頭深鎖但也神色凝重的。

艾璣訂了一家很特別的旅館，外面的門口看起來不大，可是推門進去有一個很大且精心佈置的花園，中間有個小噴水池，池畔有著白色和紫藍色的鮮花盆栽，周圍還種了很多大樹，把這個旅館重重圍繞。旅館的外形是兩層古舊的回教式建築，長形的迴廊，還有半圓拱形的設計，外面和裡面是兩個截然不同的空間，外面是開放的現代式，而裡面是罩著一層神祕面紗的波斯之旅。

旅館的主人叫艾爾莎，是一體態豐滿的中年女子，十分和藹可親。她說這家族的房子已經有一百多年的歷史，房間的佈置很精緻還具懷舊的氣息，雖然房間的窗簾地毯都是以棗紅為基調，但窗戶很大，倒不覺得陰暗。艾璣和素桑梳洗一會，艾爾莎已端了茶點給她們在花園享用，琶爾雲也一同坐著。

「今天我們先到大市集讓你們買一條 Hijab，因為在街上婦女還是需要戴著把頭包起來。這個市集的長廊加起來有十一公里，是德黑蘭最大的市場，裡面應有盡有，是本地人也會去的市集。

「然後明天會帶你們去看薩阿德．奥包德（Sa'd Abad），宮殿群裡面有博物館、一個小樹林、古列斯坦宮（Golestan Palace）和藝術家公園。往後的行程會去伊斯法罕（Isfahan）、設拉子（Shiraz）、雅茲德，到時候我再跟你們詳細解說，如果你們要在哪裡停下來，有什麼特別需要都可以告訴我。」琶爾雲說。

「好的。」素桑和艾璣異口同聲道。

市集眞的很大，但對她們而言稍嫌太現代化，當然這跟現代的商場比起來還只是一個市集，但跟埃及和土耳其相比還是太整齊了，沒有那種混亂的人聲鼎沸、頭暈目眩的感覺。當天色稍微暗下來，華燈初上的時候，本來比較平淡的市集又突然變得艷麗起來。

艾璣很喜歡東挑西選，素桑只想盡快買了圍巾打道回府，但既然來了也就隨意逛逛。琵爾雲講解這裡的歷史，討價還價，但素桑有點心不在焉，她很清楚這並不是她有興趣的地方，那個地方正在呼喚自己，巴不得現在就去。

看完博物館、皇宮的第二天她們就離開了德黑蘭，第一站去了加哈爾湖（**Gahar Lake**），那是位於伊朗西部洛雷斯坦省（Lorestan）札格羅斯山脈（Zagross Range）中的 **Oshtorankouh** 山旁。從德黑蘭開車過去車程約六小時，天還沒亮大家已經出發，因為六小時車程以後還要走兩個多小時。

素桑對城市沒有什麼好感，越遠離城市她的感覺越良好，在阿里古達爾茲（Aligudarz）下車，背著輕便背囊往山上走。八月份是這個湖最好的旅遊季節，環抱的山巒都是層層疊疊的綠，走上山的路不難，而且天氣晴朗，空氣中有樹的天然甜味。

「加哈爾湖是在海拔兩千三百五十公尺，湖有兩個，一大一小，大湖長一千七百公尺，寬五百公尺，最深處是二十八公尺，小湖是四十分鐘的步程距離，水比較淺也沒有那麼美麗。大加哈爾湖是伊朗境內保護得最好的天然湖泊，這裡的環境和湖內生物跟幾千甚至幾萬年前相差無異。」琶爾雲說。

大家邊走邊說，經過最後一段沙礫碎石上山路程，豁然開朗地看到像藍寶石般的湖泊被四面翠綠層層疊疊的群山圍繞，遠處還有白雪積聚在山頭，整個湖波平如鏡，大家站在湖邊誰都沒有說話，只是靜靜享受這如畫般的美景。

大家把今天晚上用來搭營的裝備卸下，然後整個人躺在小沙灘上，大口大口地喘氣。現在已經是下午，陽光還是有點刺眼，特別是藍色湖水的反映讓人像著了魔似的，素桑死死地盯住湖水，好像怕它會走了一樣。

「這裡好漂亮！完全不像德黑蘭和沿途所見的沙石黃土的景色，這種綠樹藍湖是人類潛意識裡最能整合、接受的，彷彿我們身體裡面也有一棵樹和湖。」艾璣像一個經驗老到的攝影師，把這個湖不同的面貌通過鏡頭保留下來。

素桑一直躺在地上，法魯克和琶爾雲忙著搭起帳幕，然後撿柴枝煮茶去了。素桑看著藍色的天空，白雲在空中慢慢聚攏在一起成了一個白色的大圓圈，圈內的能量像是有生命地不斷膨脹收縮。

素桑知道這是一個星門，可是星門好像荒廢了很久，又或許是被破壞了。她把手伸出來畫了一個圖形，然後繼續雙手舞動，感覺像是把星門的能量匯聚。星門內的顏色開始改變成銀白色，像水波紋一樣，突然間素桑感覺自己進入了星門，但看不清楚，像有一層薄霧卻聽到很多人聲、刀劍碰撞的聲音。

素桑感覺自己身處一個古代的戰場，人們在互相廝殺，一下子胳膊斷了，這個頭斬了，那個中了箭，人人身上都是血，自己的血、別人的血，他們好像拼了命地戰鬥，人們死前因痛苦而扭曲的面容，眼睛裡藏著的恐懼、不捨、哀傷……生命那麼渺小，生命的一切只是為了奔向死亡。

素桑不知這是哪一場戰爭，在歷史的洪流裡戰爭是時常發生的，他們是淺棕色的皮膚，眼睛跟鼻子的比例看似雅利安人種，也有一些皮膚比較黑，樣貌像地中海人種。素桑站在戰場中間但沒有人理會她，可能別人根本看不見她，她想叫停，但聲嘶力竭地喊也沒有用。她聞到人們身上的死亡氣息，死亡前靈魂離開前的剎那和離開後，還不知道自己的肉體已經死了，意識還是活著的瞬間。最後戰場上只剩下她一個人，所有人都倒下了。她看到一團巨大的白光把每個人的靈魂吸去。被白光吸去的靈魂不再痛苦，彷彿這是他們唯一的出路。

接著，素桑又看到下一場戰爭，無盡的苦難，一場又一場的戰爭，而執行的人卻改變了，這次看到的是超高科技的戰鬥，不只是雷射，還有各種不知名的武器，像光箭，像四葉草的武器，還有那些巨型的半機械獸，牠們的外表像一隻巨型的老虎和熊的合體，全身有毛，有一些像巨型的飛鳥龍，那些人穿了發射裝置也能飛，也有一些是全機器的動物和機器人，目不暇給的戰鬥彷如置身電影院，但這是上古代之前的戰爭還是未來的呢？素桑在思考戰爭的原因，可能這些人甚至不知道為何要打仗，只是執行命令。

生命的意義何在？在未來或上古之前，那個超高科技的時代戰爭竟是機器人或半機器人、改造人之爭，這樣人類是否會比較舒服，還是所有人類都已經變成了改造人？那麼他們可能可以敵得過天災人禍、飢餓、疾病，因為完整人類已經消失，取而代之的是經過改造的半機器人，他們對疾病的抵抗力自然不同，但人性還存在嗎？

素桑就這樣一次又一次看著這些生命所經歷的，或許是在三維世界的地球？最後一個影像是一個核彈頭大爆炸，然後漆黑一片，素桑猛然驚覺伊朗是有核彈項目的，雖然他們說並沒有發展。素桑的心裡在吶喊，是核彈嗎？還是比核彈更厲害的？如何能改變？人類能做什麼？一下子她回到了躺著的草地，天空的星門已然關閉，她的神識還看到那些靈魂，還記得剛才看過的一幕幕戰爭和最後的爆炸，身體不禁地抖動。

素桑回到草地後輕輕地摸著土地，抓了一堆泥土深深地吸了一下，她把手放在額頭上感受自己的身體，她並不明白剛才所見一切的用意，難道這個星門就只是顯示由上古之前、古波斯到現代和未來的戰爭？還是一切是在當下重複地發生？不解。還是自己接觸土地後接收這裡的記憶？那最後的核彈頭和爆炸代表的是什麼？

素桑還在沉思，艾璣走過來說：「你剛才去了哪裡？我看你的目光眨也不眨一直看著天空！」

「不停地打仗，不停地看到人死亡，生命的無奈，毫無意義。沒有找到幫助的方法，沒有看到光明！雖然我從來沒有來過波斯，但這裡有我的記憶，當我腳踏土地的時候，我對這裡有深刻的感情。」素桑眼看前方半飄著回憶地說。

艾璣聽著沒有回話。

那天夜裡琵爾雲生了火，給大家弄了美味的簡單晚餐。今天大家從早到晚的，所以吃完飯便早早休息。素桑一直都沒有講話也沒有睡覺，只知道內心不想再看到下午的影像。

第二天，天還未亮素桑已坐在湖邊烹茶，靜靜地感受著這片刻的寧靜。早上的空氣帶點晨露，草地上濕漉漉的，湖上泛起一層薄霧，天色慢慢轉為魚肚白，逐漸能看到周邊的景色，昨天發生的太震撼，完全沒有機會欣賞這些景色，或該說眼裡根本看不到這些景色。趁其他人還在睡覺，她可以一個人呆坐一會。

突然她聽到湖水翻動的聲音並看到有些異樣，素桑心想可能湖裡有什麼比較大的動物，雲霧隨著湖水的波動慢慢散開，在湖中心慢慢有一個人形物體從水中升起，不知道性別，金棕色及肩長髮，面容清瘦帶點西方的高鼻子，中間還有一處鼻骨特高突出來，眼睛不算很大、金綠色，一身寬鬆白衣中間綁了一條腰繩，從水中上來可是衣服並沒有半點濕的感覺，這個人慢慢從水裡飄移過來，頗有點像耶穌在加利利海上行走的味道。素桑並不驚訝，畢竟見過很多人類不能解釋的事情，只是瞪著這個人。

「我有一個訊息要轉達給你！從這裡你要直接去雅茲德，去它們在山裡的火廟，你抵達的時候自然會知道需要去哪裡！」那人說。

素桑眼睜睜地看著那人然後點了一下頭，她沒有覺得很驚訝，在去伊朗之前她做了一些資料搜集，知道雅茲德這個地方是必須去的，因為那裡有個聖火廟，只是現在要去的是他們在山上的火廟。

「你有沒有問題？」那人問。

「沒有，但其他問題可以問嗎？」素桑靜靜地說。

那人也是點頭示意。

「我想問昨天在星門所見的影像，那些無止盡的戰爭和核彈，是過往的、現在和未來的嗎？是這個地球的嗎？」素桑說的時候還餘悸猶存。

「這些影像讓你害怕了嗎？」那人問。

「不是，但突然間那麼多戰爭和死亡，把人類過往幾千甚至幾十萬年或更多的黑暗都展示出來，我覺得很不安，最後的核彈和看似高科技的武器想表達的是什麼？是人類會不斷提升武器？但這又會把我們帶到什麼境地？還有那些半機器人，看到的是否還是地球人？到時候還有沒有地球人？這些才是困擾我的問題！」素桑吁了一口氣說。

「問得很好！你見到的確實不只是地球的戰爭，也有在不同維度的戰爭，過去、現在和將來同時發生的戰爭，有些眞正的戰爭是在核戰之後才開始的。你記得那個全黑暗的影像嗎？當人類只剩下暗黑之後……」那人說。

「核戰之後還有人類會剩下來嗎？文明會重新開始嗎？」素桑說的時候有些暈眩的感覺。

「會的！」那人語音未下就聽到艾璣和琶爾雲在說話。

那人跟素桑做了一個不要說話的手勢，看來其他人是看不到他的。

「你們看橘紅的太陽剛剛從遠處的山開始出來了！」艾璣說。

素桑看了看她繼續看著太陽沒有出聲，可是心裡還在盤算剛才跟那人的對話，心裡著實不能定下來。

「會沒事的！」他說完就在面前像空氣一樣消失了。

17

瑣羅亞斯德是光的使者

歷史學家認為，瑣羅亞斯德教裡所說的一神教義、彌賽亞、最後審判、天堂和地獄、天使與魔鬼的觀念以及自由意志，直接影響了很多宗教和哲學體系，包括：猶太教、基督教、伊斯蘭教、靈知主義、巴哈伊……

「琶爾雲，我希望能改一下行程！今天我們不去伊斯法罕直接去雅茲德。」素桑跟艾璣和琶爾雲說。

艾璣聽了覺得沒問題，可是琶爾雲說：「啊！這樣所有住宿行程都要重新訂，你除了要看火廟和沉默塔，還有什麼特別的地方需要去遊覽，我一次修改？」琶爾雲有點驚訝地問，畢竟大部分遊客不會臨時改行程的。

「那裡有幾個瑣羅亞斯德的聖山對不對？有哪幾個？你可以把名字、照片和地圖位置給我看一看嗎？」素桑說。

「塞蒂皮爾（Seti Pir）、皮爾・薩布斯（Pir-e Sabz）、皮爾・納拉基（Pir-e Naraki）、皮爾・巴努（Pir-e Banu）、皮爾・埃里希特（Pir-e Herisht）和皮爾・納拉斯塔（Pir-e

Narestan）這六個聖山，這些地方每年都有很多朝拜者前往。」琶爾雲說的時候還拿著地圖和手機的圖片給素桑看。

「哪一個山是查克查克（Chak Chak）？聽說每年在六月十四到十八日都有一個重大的節日，四方而來的瑣羅亞斯德教徒數以萬計。」素桑問。

「查克查克就是皮爾・薩布斯，這也是最多信徒參拜的聖山。」琶爾雲說。

素桑看著這個地方感覺了片刻。

「好，我們先到雅茲德再到查克查克！」素桑說。

琶爾雲聽後就忙著更改行程、住宿並和司機商量。

「我對你剛才所說的瑣羅亞斯德教和這些聖山一無所知，你可否給我補課！」艾璣興致勃勃地問。

「瑣羅亞斯德教據稱是現存最古老並持續修行的宗教之一，在伊斯蘭教之前是中東和西亞最有影響力的宗教，也是古波斯帝國的國教，在薩珊王朝時期（西元二二四至六五一年）瑣羅亞斯德教盛行，當時信奉的地區由波斯開始延伸到羅馬和希臘，再從印度到俄國。如果你看一看當時有文明的世界，這佔了很大的部分。可是要說瑣羅亞斯德教就必須說他們的大老師查拉圖斯特拉（Zarathustra），也有人叫他瑣羅亞斯德。不知道為什麼我覺得他跟蓮花生大士有關聯，雖然表面上他們的關聯少得可憐。（一）他們出生的地方都是在西亞，蓮花生大士在阿富汗和巴基斯坦的接壤處（詳見《我們都星族人1》，第三章），而查拉圖斯特拉的出生地是在亞塞拜然。（二）兩個人出生時都是天降祥瑞吉兆，蓮花生大士在蓮花蕊裡出生，查拉圖斯特拉聽聞是含笑出生並天有異象，年少時具有神力及過人智慧。他年少時即離家求道，獨自在神祕的 Ushi-darena 山中與世隔絕冥想修行，此山在瑣羅亞斯德教裡代表『智慧的守護者』。據說年輕的他已經有七個內在體驗，這也是證悟的層次，自此開始了他的靈性哲學宣揚之路。這跟佛陀、耶穌甚至很多地球上的靈性老師所經歷的相似。根據典籍，蓮花生大士出生於八世紀，而查拉圖斯特拉，大眾普遍接受他出生於西元前六六〇至五八三年，由此看來他比蓮師還要早上很多個世紀。可是用另一個角度來說，以宇宙的時空來算，區區幾個世紀可能就是彈指間。當然我沒有能力把他們兩個的教導完全對比，這可是一篇博士論文，甚至需要窮一生精力去研究，但我覺得他們是有關聯的，儘管表面能找到的聯繫並不多。

「（三）西藏有天葬，而瑣羅亞斯德的沉默塔跟它的理念幾乎是相同的，他們也是把死去之人的屍體放在天葬台或沉默塔上，讓天空的禿鷲/飛禽前來叼食。我翻查過一些歷史，雖然西藏的天葬已有上千年的歷史，但這個習俗可能源於印度與波斯，這也是佛經上布施概念的表現。因為身體只是一個導體，當人死後也無需對身體有任何執著，所以用以為眾生布施，也是佛教六道及六波羅蜜的修行。當然如果以三維世界的年份計算，西藏的天葬可能確實受到瑣羅亞斯德教和佛教的影響，但二十萬年前的西藏人死後進入星族飛船與光合一的過程，是否會演變成讓飛鳥把三維身體消失於虛空的另一個解釋？西藏的喪葬方式有五種，分為天葬、水葬、火葬、土葬和塔葬，由於西藏位於高原地帶，地質堅硬，氣候寒冷，不適合土葬和火葬，水葬也只適合某些在湖泊居住的人，但這些湖泊也是飲水的來源，所以水葬基本不太存在。藏人死後用白布包裹屍體停屍數日，如果是修行者則要等十天半月，證實他確實死亡而不是在三摩地（深層冥想）中才可處理屍體，很多大修行者死去多日，甚至一個月，身體可以保持不變，不會起屍斑也不會腐爛發臭，當一切完成便化成虹光離去。在藏傳佛教有很多這些大成就者的故事。普通百姓則在停屍期間由喇嘛念經超度，也幫助他們的身體和心識通過如《西藏度亡經》般的轉換，到達下一段旅程或修行狀態。最後送葬當日把遺體送往天葬台，途中天葬師會接手，揹屍人和家族放下屍體就不能回頭，家人亦不能到天葬台。天葬師會把骨肉分離，肉會等禿鷲來吃，骨頭會敲碎，所有身肉最好能被吃得清光，如留下的會跟骨頭一併燒為灰燼。」素桑慢慢解釋，說的時候眼光放得遠遠的，彷彿在敘述一件往事。

「你可有見過天葬？」艾璣試探著問。

「有的，可是並不是一個很好的經歷。」素桑淡淡然說。

「可否說來聽聽！」艾璣黑色的眼珠溜了一下。

「前文就是當時在西藏旅行，在八廓街上的露天咖啡茶座認識了好些從不同國家來的朋友，有人說可以去看天葬，問我有沒有興趣去，那時心裡其實覺得不應該去，卻不想錯過任何探險，便跟著大隊去了。導遊聯絡了一個司機，載我們一行六個人前往，他們都是年輕的背包客，除了我還有另外一個香港人，導遊說好可以來回接送，但他自己是不能跟去的。車上的我們還以為只是額外多付了錢的有趣景點，因為導遊說天葬是不許外人觀看的，所以我們要小心隱藏不能拍照，當然對一批年輕背包客來說，這是最好不過的刺激行程，大家都按捺不住躍躍欲試。我是有所保留，只是年輕時候的我還是禁不住好奇心的驅使。破舊的麵包車往郊外開了一會，可能有半個小時吧，山路顛簸但大家早已習慣了，來這裡的朋友都是從陸路，不管是青藏公路、川藏公路還是滇藏公路，那個年代還沒有高鐵，而飛機的價格高昂，背包客都會選大公車或卡車進藏。反正在八廓街的露天咖啡廳碰到的旅客都是坐卡車或是大公車風塵僕僕地進來的。那日，本是天朗氣清，但到達天葬場的時候就開始颳風，有一團厚厚的雲層籠罩著天葬場，周遭塵土飛揚，寸草不生，頓時感到一片肅穆，空中的禿鷲在天葬場的上空盤旋，偶爾長鳴，應該是在呼喚同伴。司機叫我們安靜地下車，他帶我們到較高處，還有石頭和草叢作掩護，他示意絕對不能發出聲音，也千叮萬囑不要拍照。我們的位置應該距離天葬場不遠，往下看可以看到整個天葬台。天葬台看來是用大石砌成，旁邊也有些五彩經文旗幡。我們在那裡靜靜地等了一會，然後看到一個人揹著一個沉甸甸的大包往天葬台走來，想必是天葬師，他把大包放在台上，把屍體拿出來，然後呢喃著好像在念經文，雙手多次合十又圍著屍體轉圈，天上的禿鷲更加速盤旋，鳴聲此起彼落。然後有人壓低了聲說：『他要下刀了！』我自己偷偷瞄了一眼，只見那人手起刀落，我自己卻不太敢看下去，回頭看到有人拿照相機出來拍照，其他的人說：『不要，司機和導遊說不能拍照！』那人還是拍了幾張，不知是不是因為他們的喧鬧引起了天葬師的注意，天葬師的手在半空中止住，目光在搜索，邊繼續完成天葬儀式，天上的禿鷲不停在上空盤旋大鳴大叫，但沒有天葬師示意，牠們是不會下來叼食屍體的，我看著天空，有點不詳的感覺，彷彿我們更像屍體。最後天葬師向天放哨一聲，禿鷲應聲俯衝而下，這些禿鷲強壯、敏捷，大家看到這樣的場面更加按捺不住，有些人不停地在拍照。

「這一次天葬師朝著我們的方向走過來，他個子不太高約一七五公分，頭上是凌亂微鬈黑髮，身上穿著藏袍但不太整潔，手袖的鏽色染成厚厚一層。最讓人膽戰心驚的是，他的一雙睜得銅鈴般大的眼睛，眼珠被四周充滿血絲的眼白圍住，臉上還有斑斑血跡。他很憤怒，一走過來就對我們大聲怒哮，瞳孔放大，像吃了藥失去理性般，然後看到拿照相機的人就打，同行的幾個男生奮力阻止他並試圖解釋，但天葬師像沒聽到一樣，只是不停地朝那兩個拿著照相機的人身上猛打。天葬師力氣很大，想想他可以一刀砍下人骨……大家在推撞時我也被他輕輕地打了一下頭，沒有很痛，倒像是教訓我不應該來看天葬。那兩個拿照相機拍照的朋友被打得最慘，底片也被曝光。禿鷲不消片刻已經把屍體清理乾淨，對這邊打架的人根本無暇搭理。司機看到我們起了爭執，馬上跑過來幫忙但還是遲了一步，那個拍了照片的背包客已經被打到青藍一塊，口角和鼻子都在流血。司機跟那個天葬師道歉但似乎並不奏效，最後大家幾乎要鬧上警局，因為天葬師打傷了人。司機好不容易叫停了雙方，雙眼通紅的天葬師要我們立即離開，並向死去之人的靈魂道歉。我們乖乖照做然後返回車上，其他同行的人有好幾個臉上也瘀腫，坐我旁邊的香港小哥什麼事也沒有，他告訴我，說他一眼也沒有看那個天葬儀式，因為覺得心裡不舒服。他還跟我說：『被打是活該的，看也就算了，還要拍照！這些都是忌諱！』大家在車上一路無語，腦海還在浮現剛才的驚險畫面，直到回到旅館才覺得稍稍回神。自此以後我再也沒有看過天葬，我想規矩定下來也是一種尊重，在這個情況下我會乖乖地選擇尊敬逝去的靈魂。」素桑說完大大地喝了幾口水，好像還在下意識讓自己平靜下來。

「你剛才說關於瑣羅亞斯德教，我也有看過關於這個教派的教導，比起藏傳佛教簡單許多！」艾璣把話題一轉。

「對！是有些不同！」素桑聽到瑣羅亞斯德教，精神又抖擻起來。

「瑣羅亞斯德教在中國古代稱為祆教，因為他們在火前祈禱，所以人們也稱他們為拜火教，可是他們並非眞的拜火，火代表著他們的眞神亦代表光明，能照亮一切，展示生命，在光裡他們能看清楚自己的心和思維，能看到神，所以他們在火旁禱告。我想你一定有看過他們的象徵法拉瓦哈（Faravahar），中間的人形象應該就是他們的創造天地之神阿胡拉．馬茲達（Ahura Mazda），阿胡拉的意思是神，而馬茲達代表智慧。這就是他們所相信創造萬物的眞神，你可以看到馬茲達站在中間，兩旁橫向伸開三層羽毛的雙翼，中間的他頭戴帽子，長鬍鬚，右手伸開像禱告或代表尊敬，左手拿著一個圓圈，身體中間也有一個比較大的圓圈，圓圈像是空的能看到裡面但也不全是，然後左右斜斜延伸了兩個勾形狀長條。

「瑣羅亞斯德教是最古老的一神宗教之一，同時是二元對立的，開天闢地的是阿胡拉．馬茲達，他是唯一的創造神，而他的對抗者就是邪惡之神安哥拉．曼紐（Angra Mainyu）。他們的聖典稱為《伽薩》（*Gathas*），普遍認為是由查拉圖斯特拉所寫，裡面包含了十七首阿維斯陀（Avesta）讚美詩，以阿維斯陀語（Avestan）一種很古老的語言來寫，這個古老的語言跟梵文有關聯，是早期的波斯語也是印度伊朗語系的一支，但卻只是因為瑣羅亞斯德的教義才得以保存下來為世人知曉。

「歷史學家認為，瑣羅亞斯德教裡所說的一神教義、彌賽亞、最後審判、天堂和地獄、天使與魔鬼的觀念以及自由意志，直接影響了很多宗教和哲學體系，包括：猶太教、基督教、伊斯蘭教、靈知主義、巴哈伊、希臘哲學，甚至完全影響了人類幾千年來的思維模式。整個宗教圍繞於神以善和光對抗黑暗與邪惡之力，而人類必須要從中選擇，而神最後會勝利，光明會戰勝黑暗。

「現代的瑣羅亞斯德教似乎更簡單，他們遵從善念、善言、善行。善念是正面有創造性的念頭，善言是說眞實無虛假的言詞，善行是適當、慈悲的行動。這些看似簡單的教義就是人類千百萬年來唯一需要遵守的承諾，這是所有宗教的基本也是人性的基本。無論他們在學什麼，如果沒有最基本的善念、善言、善行和人性的基本，學什麼也是徒勞。當我一直在研究瑣羅亞斯德教的時候，我竟然覺得有種返本歸元的感覺，雖然這個宗教現在已經式微，全世界信徒約在十萬到二十萬之間，主要人口集中在伊朗和印度。或許他們的教義就是幫助人類面對內心的自我，學會該如何在三維世界完滿自己，戰勝黑暗達到光明。」素桑跟艾璣說的時候，思想不停在搜索。

素桑在想，教法簡單是否是因為當時的人類相對簡單，但如果只是平面的對光明與黑暗的認識？硬把他們分成好壞、正邪，如所有宗教或人類認為的二元對立，可能就沒有真正瞭解宇宙的眞諦。光與黑只是人類眼中的對立，是一個思維的框框，宇宙之中從沒有所謂光與黑，它們是相同的，甚至不是光中有黑，黑中有光，它們來自於相同的源頭，只是彰顯性不同罷了。人類把它們分野、定位只因為人類生活的三維世界是二元對立的，在這裡便會墜入二元屬性，但究竟是誰告訴人們二元是對立的呢？若人們的神識脫離了三維世界就會當下回歸到沒有二元對立的屬性，沒有了這個羈絆，人們就會坦然明白這些幌子。

但素桑最有興趣知道的是這些思維模式是如何出現的？是這些神／星人帶來的嗎？他們的原意可能是讓人類有一些生命的指引，讓人類更容易可以脫離這個幌子，又或是這些所謂的神讓人類自由地面對正邪、善惡並選擇，但人類如何把自己推進這個深淵，挖井自埋？今日又該如何自處？

現代的人類認為正與邪、光明與黑暗、善與惡、自由意願都是盤古初開以來不變的道理，但素桑倒覺得是有人、神、星族把這些理念放入人們的思維體系裡。當然對於瑣羅亞斯德教的三個教化，素桑是絕無異議的，這倒是作為一個生命體最簡單的存在信念。其他的宗教，如猶太教和佛教兩個截然不同的體系，這可是給不同的人在這個世界中尋找到內心樂土與平靜的方法。若能回到根本就無二無別。現代的猶太教雖說是最古老的宗教之一，但在他們綿長的宗教之旅就已經糅合了瑣羅亞斯德教和埃及宗教上的密法（包括法術），這亦有可能是當初這些星族本就是有關聯的。從歷史學角度，猶太教義裡首先出現跟瑣羅亞斯德教相似的地方，是當古代猶大帝國的人被俘虜禁錮在巴比倫，西元前五九七年波斯國王居魯士從巴比倫手中釋放了猶大民族，而他的繼任者大流士（Darius）還資助這些俘虜回耶路撒冷重建聖殿，之後很多猶太教的教義也出現了與瑣羅亞斯德教相仿的情形。猶太教、基督教和瑣羅亞斯德教在全能、全知的一神主義、天使與魔鬼的系統、世界末日、彌賽亞即將來臨等等都有著驚人的相似，如果大家的源頭沒有相連實在難以置信。但猶太教在《米書拿》（*Mishnah*——猶太教的口傳法律，由不同的學者和老師經兩個世紀編寫而成）中所提出的不斷修正世界（Tikkun Ha Olam），對個人和社會在物質、道德和靈修上的進階是可以通過不斷地修正臻至圓滿的這一點，在瑣羅亞斯德教是沒有的。佛教沒有一個造物者，其他的一神宗教都是相信有造物者的，但那些所謂造物者的形象是否只是負責接收訊息，就如現在自己經常接收訊息一樣，如果有一天在我的訊息和視觀裡，有一個形象告訴我他就是創世之神，我又會如何？或許我會問他是否屬於其他星族，又或他只是不同星族的使者，來為我解答問題？阿胡拉．馬茲達是光的使者，為人類帶來在三維世界生活而不被迷惑的知識？還是製造了一個思維的框框讓世人一直備受矇騙？還是一切都是自由意願，只要人們能遵從善念、善言、善行就自然能找到心中的康莊大道？不得不承認所謂造物者的形象在人們的內心有著根深蒂固的位置，這只是由於從小被宗教、社會的薰陶，還是因為這是千百萬年潛藏在人們神識中對神明的懸念？我很明白瑣羅亞斯德教的動人之處，光既屬於這個世界也不屬於這個世界，當然它並不是開燈看見的光，而是存在於我們內在無始無終的光，我們甚至不能用光一詞來形容，但這是人類能夠用語言形容的最高狀態之一。沉默是另一個，沉默根本就是一切，因為沒有任何文字和思維可以形容，語言思維到達不了所以還是止住，終極沉默跟語言無關。光本身就是一種語言，是宇宙溝通的語言，如果你能接受，根本不用將之翻譯為文字，它同時也是代碼，可以嵌進我們粗糙的三維世界身體讓它改變。它也是源頭能量和我們連接的橋樑，通過光我們可以回家。」素桑說的時候艾璣感覺有一股強光把她們包圍著，這個光與其說是外在包圍著她們，更像是因為素桑的頻率把她們內在的光顯化出來。她們就沉浸在這柔和的光中久久不能言語。

打破沉默的是琶爾雲：「食物都準備好了，大家吃完早飯就可以上車，因為改了行程，我們今天還有很長的路呢！」

18

永生之火的密碼

過往地球的生物確實接受過光密碼的洗禮，到今天光成為人們的動力，這並非二元屬性的光，這是包含宇宙密碼的。在人類DNA鏈裡就已經有這些密碼組成的光，因此當人們再次用光來激活這些休眠的DNA，所帶來的影響是如此巨大。

「從這裡到雅茲德要多久？」艾璣先問。

「先走兩個小時下山再開八個小時的車，我想今天還是要先休息一晚，明天再到雅茲德，因為到伊斯法罕時已經快天黑，晚上的路不好走，司機不願意開夜路，所以還是要停一晚。從伊斯法罕到雅茲德只需三個多小時，我建議抵達伊斯法罕的時候帶你們閒逛一下伊瑪目廣場（Naqsh-e Jahan Square），這是聯合國教科文組織世界遺產，晚上燈光璀燦，別有一番韻味。明天早上你們可以多看幾個景點然後再出發到雅茲德，你們意下如何？」琶爾雲提議。

「艾璣，你決定吧！我都可以！但我們會先去雅茲德看聖火，對嗎？」素桑說。

「不對？查克查克是在往雅茲德的路上，先往古廟再到雅茲德可以節省時間。」琵爾雲回答。

「我無所謂，但我們要先到雅茲德嗎？」艾璣看著素桑語帶詢問。

「我們是要先去雅茲德的，雖然要多花點時間繞一圈，但還是要這樣走！」素桑想了想回答道。

「這樣好吧！回程的時候再到查克查克、設拉子的波斯波利斯和粉紅廟……等等很多地方，這些都是很值得去的地方。可是你們這樣走可能要增加天數，因為中途浪費了些許時間。」琵爾雲計算了一下說。

「可以，你算一下我們需要多加幾天行程？」艾璣跟素桑打了個眼色，然後面帶微笑地說。她心裡倒是想著路線要如何走，她們也控制不了，走一步算一步吧！

大家一直往下山的路走，沒有太多聲響，只是靜靜地欣賞這景色，連綿的山脈，萬里晴空，走的時候隨著呼吸，人倒是十分清明。走著走著不知不覺已經快到停汽車的地方，下山的路有點陡，乾沙石容易滑腳，素桑感覺大腿和膝蓋的肌肉有點緊繃。回車上坐時倦意如潮湧至，昨天晚上沒有睡好，她發覺離開了加哈爾湖，她的能量好像一下子用光了，所以沿路到伊斯法罕的車程中，素桑都在昏睡。

艾璣倒是一直在欣賞沿途景色，感覺說不出的熟悉但卻無法說出原因，她從沒有來過伊朗，但她知道自己跟這一大片土地有著不可分割的關係。

他們的午餐就在沿路的小餐廳解決，波斯的食物是出名美味的，只是大部分菜餚是肉，像是烤肉串、燜羊肉等，這些對素桑和艾璣來說是有點格格不入，小餐廳的素前菜和配菜成了正餐，當然素桑她們完全可以吃水果了事，可是司機和導遊也是要休息和吃東西。

晚上到達伊斯法罕的時候已經是華燈初上，雄偉寬廣的大橋連接城的兩岸，橋上是兩層亮了燈的波斯式圓拱，共三十三個，橋長一千英尺（三百零四公尺）寬四十五英尺（十三點七公尺）。她們坐了一整天汽車，迫不及待想下車閒逛，舒展筋骨，下車的時候腰和腿都有點痠，走起路來整個下盤有點硬梆梆。月色朦朧，走在河邊有種《槳聲燈影裡的秦淮河》的感覺，只是這是扎因代河（Zayanderud），也沒有「七板子」可坐。雖不是六朝金粉，但伊斯法罕卻聲稱是伊朗最漂亮的城市，這夜色在這沙漠城市中顯得格外美麗。走了兩天乾燥的沙漠石山路，灰頭土臉的天氣，突然間看到水月雙映的河邊，悶熱全消。

很多本地人和遊客坐在小咖啡廳內聊天，也有小孩騎著腳踏車嬉戲，散步的人也很多，而他們的神情都是輕鬆友善的。雖然博物館、廟堂都是關閉的，但走在街上也讓她們能好好感受這個地方。這兩天的時間過得飛快，素桑根本沒有在其他地方上心，覺得自己有點囫圇吞棗，現在才能慢慢欣賞這個國家。

「你們知道嗎？伊斯法罕曾經是中亞最重要的城市，媲美倫敦和巴黎，在四百多年前是波斯首都，當時的帝國版圖是由現今伊拉克的幼發拉底河道到阿富汗的阿姆河。這包括南到北，東到西面商路的要塞，也是絲綢之路的必經樞紐。十八世紀是這個城市的黃金時代，隨著首都遷移到德黑蘭漸漸退居成二、三線的城市。但現在人們卻開始以另一個名稱知道它的存在——伊斯法罕核技術研究中心，目前在營運的四個小型核研究堆，由AEOI伊朗原子能組織（Atomic Energy Organization of Iran）負責。在伊斯法罕的鈾轉化設施是將黃餅轉化為六氟化鈾❶。因為這個研究所和附近的新型工業，現在的伊斯法罕有很多年輕人、科學家、研究人員在這裡和近郊居住，把這個城市慢慢年輕化，現時伊斯法罕人口大概三百萬，是伊朗的第三大都會。」琶爾雲娓娓道來。

「伊朗人民對核能和核武器的看法如何？」素桑問。

「伊朗人對核能和核武說眞的並不關心，他們比較關心自己的生活和經濟情況，近年伊朗的經濟很差，通貨膨脹厲害，假如一個普通人的收入是一百五十萬托曼，即約七十五塊美元月薪，但一包牛奶的價錢是兩萬托曼即一塊美元，生活很艱難。政府挪用很多軍費來支持眞主黨（Hezbollah），卻沒有關心市民的醫療保險、工作福利、基礎建設，或提高生產讓工廠可以提供更多的工作機會。學生希望得到更好的生活會上街遊行，而政府當然會禁制和打壓，有些被關進監獄，有些更嚴重的會被消失。整個伊朗大概有三十萬人替政府辦事，而這些人的裙帶關係就一直掌控著整個伊朗。」琶爾雲有點感慨道。

「在言談中可以發覺伊朗的人民對核子會帶來的危險根本漠不關心，或許病毒和疫苗帶給人們的問題更直接，每個國家都盡量互相監視核子研究和武器，因為這確實是無法回頭的災難，又有誰會希望發生呢？全世界約有三十個國家使用核子能源，合計共四百四十個核子反應堆，這包括美國、法國、中國、俄羅斯、日本、南韓、印度、英國等等，而且這個數字還不斷在上升，有好些國家也開始或表示有興趣興建核子發電廠，而當中有九個國家開發核子武器，這九個國家是：美國、俄羅斯、英國、法國、中國、印度、巴基斯坦、以色列和北韓。基本上所有國家只要有能力都可以建立核武，但當然能否眞的建立又是另一回事。

「自一九七〇年開始，全球一百九十一個國家，包括美國、俄羅斯、英國、法國和中國也參加了一項名為不擴散核武器條約（NPT）的協議，這協議旨在防止核武器擴散和促進削減武器。而他們被應允擁有核武，是因為條約於一九六七年一月一日生效之前，這

註釋：

❶黃餅用於製備核反應堆的鈾燃料，將其融化成純淨的二氧化鈾，用於加壓重水反應堆和其他使用天然未濃縮鈾系統的燃料棒，純化的鈾也可以濃縮成同位素 U-235。https://www.nti.org/learn/countries/iran/nuclear/https://www.bbc.com/news/newsbeat-51091897

些國家已經製造並測試了核爆裝置。雖然他們擁有核武，但他們要依據條約所約定的數目和不能長久擁有這些核武。

「以色列從來沒有承認或否認過他們有核子彈頭，印度和巴基斯坦從未加入協議，而北韓在二〇〇三年離開。伊朗的核計劃始於一九五〇年代，是其中一個很早就開始核子研究的國家，這麼多年來嘗試、停止、失敗、找外援、被美國禁止，再簽訂協議又經過兩伊戰爭導致人才流失，到重新發展，這中間有很多過程和故事，總括來說西方國家對伊朗不斷增加濃縮鈾和製造核彈頭是反感的，並施以制裁。伊朗亦不允許國際原子能總署（IAEA）到他們的帕爾欽（Parchin）軍事區，這是伊朗進行核武器開發、高爆炸性與水動實驗的實驗室，總之雙方在僵持狀態，這些故事很有趣。我覺得瞭解所有的來龍去脈就可以明白，為何在二〇一八年五月八日前美國總統川普停止JCPOA（Joint Comprehensive Plan of Action，簡稱伊朗核協議），並開始對伊朗實施與核相關的制裁。

「據以色列外交部新聞室在二〇一八年四月三十日發表有關前以色列總理納坦雅胡敘述，情報部門從『伊朗祕密原子檔案館』中發現的十萬份文件中顯示，伊朗確實曾執行一項核武器計畫，該計畫內文包括：『首先，伊朗謊稱從未擁有核武器計畫。十萬份祕密文件證明他們在撒謊。其次，即使在達成協議之後，伊朗仍繼續保留和擴大其核武器專有技術以備將來使用。如果一個恐怖政權不打算在以後使用它們，為什麼要隱藏並精心編目其祕密核文件？第三，伊朗在二〇一五年再次撒謊，當時它沒有按照核協議的要求向國際原子能機構坦白。最後，伊朗協議，即核協議，是建立在謊言之上的。它基於伊朗的謊言和伊朗的欺騙。這裡的十萬份文件證明他們在撒謊。❷』

註釋：

❷ First, Iran lied about never having a nuclear weapons program. 100,000 secret files prove that they lied. Second, even after the deal, Iran continued to preserve and expand its nuclear weapons know-how for future use. Why would a terrorist regime hide and meticulously catalogue its secret nuclear files, if not to use them at a later date. Third, Iran lied again in 2015, when it didn't come clean to the IAEA, as required by the nuclear deal. And finally, the Iran deal, the nuclear deal, is based on lies. It's based on Iranian lies and Iranian deception. 100,000 files right here prove that they lied.-（Israel PM Netanyahu presents conclusive proof of Iranian secret nuclear weapons program-april 30 2018 https://mfa.gov.il/MFA/PressRoom/2018/Pages/PM-Netanyahu-presents-conclusive-proof-of-Iranian-secret-nuclear-weapons-program-30-April-2018.aspx--

「在二〇一九年七月一日，伊朗有超過三百公斤的六氟化鈾，二〇一九年七月八日濃縮鈾從百分之三點六七增至百分之四點五，同年九月八日伊朗完全取消ＪＣＰＯＡ下的研究和開發承諾，他們開始投資不符合原子能機構監測和保障措施的離心技術研究和開發。十一月十六日伊朗通知原子能機構他們的重水庫存已超過一百三十公噸……現在川普退任，新總統又會如何處理？接著一輪新冠疫情猛攻，世界癱瘓了兩年多，剛剛喘口氣又來個俄烏戰爭，然後各種天災地震，大家根本無暇理會這裡的核子情況。

「但伊朗強烈認為美國應該取消所有單方面制裁，包括石油、銀行和金融部門。這一切比肥皂劇有趣，但想深一層，大家不難明白西方國家的憂慮，究竟伊朗擁有核武器對世界的威脅會如何？地球人活在這個半瘋癲的世界，不斷地希望找一些東西能夠強過其他人，控制其他人，甚至不惜捨棄整個國家或整個地球的生命。

「但核能不一定是核武器才可怕，難道大家已經忘記了，二〇一一年三月十一日的福島第一核電廠事故？當時的九級強烈地震引發的海嘯淹沒日本本州主島，淹沒反應堆引起輻射外洩，迫使超過十五萬人撤離。十年來日本致力清除殘留的核燃料與污染水，但仍有百分之八十五的地區仍需清理，還要提取九百噸的高放射原料性碎片的熔融燃料，很多地方仍然是禁區，日本當局認為清理工作需三、四十年時間。百餘萬噸的核廢水無處可去，日本政府在二〇二一年四月十三日批准排放核污水至海洋計畫，預計在兩年後排放污水至太平洋。至於核災區的食品輻射問題更是爭辯激烈，雖然日本政府設立多方檢測，認為現在福島的食物是安全的。這些早已不只是日本要解決的問題，全球也在共同承擔。

「我不是國家元首，不能為一個國家做出這個決定，但太陽能、風力和水力發電不好嗎？新加坡更發明了使用燃燒垃圾作為電力能源，並成功研發潔淨這些燃燒垃圾所造成的空氣污染，將這些有毒的氣體轉化成清潔的空氣。這些沒有後續危機的乾淨能源眞的不能應付我們所需嗎？還是大家在桌子下各懷鬼胎呢！」素桑自忖。

那一夜她們在河畔的小咖啡館坐了好久才回旅館。

第二天一早他們向雅茲德出發，天氣還是很好，但早上的橋看起來比夜裡少了那份情懷，反而見識到伊斯法罕塞車的情況。

「我們大概在中午時分會到達雅茲德，第一站會先去看火廟，現在我會跟你們介紹一下這個沙漠沿路特別的地方。」剛上車琶爾雲就說。

「你們不要小看一直居住在沙漠的民族，他們很多發明能讓他們在這個乾燥、寸草不生的沙漠活得舒適一點。畢竟如果你們對地理和歷史有興趣，就會發現幾千年來有不少民族是長居在沙漠裡的，他們已經完全發展出一套沙漠居住守則。我們下午將會到達雅茲德，那是一個海拔一千五百公尺的沙漠邊緣城市。

「據記錄，雅茲德城在五世紀已經有人類在居住，那裡擁有世界上最大的坎兒井，這是一種特殊灌溉技術，起源於一千紀（就是西元前一千年到西元一年這一千年間），這個技術由波斯開始，以伊朗高原為中心，東至中國新疆，西至摩洛哥。這些井可以保證地下水不會因為炎熱和狂風沙被蒸發和污染，同時匯聚儲備給社區的人使用。由於這裡的夏季十分炎熱，所以很多古老的建築都有風塔和廣大的地下區域，這些風塔可以幫助降溫，讓居住在裡面的人有天然的透氣口，波斯建築在夏季可以降溫十多度，讓人民生活得更舒適。那裡還有儲冰塔建築，是古代的人用來儲存從附近冰川取回來的冰，就是古代的冰箱，人們冬天把冰儲備起來夏天使用。」琶爾雲說的時候帶著驕傲。

素桑和艾璣細心聆聽，不禁對這個文明古國多帶幾分尊重，也發覺她們對古代人的智慧一無所知，同時波斯在過去兩千年對人類有著很多無法估量的影響。素桑突然間在這裡聞到濃濃的歷史氣息。

素桑並不太喜歡在沙漠生活，就算在以色列的沙漠也覺得太乾、太熱，苦毒的太陽把人也蒸發得如乾柴一般，但現代人依靠冷氣活在沙漠卻讓身體的溫差太大，這可能並不是一個好的方法。現在回想起來，若能仿效古人的方法住在沙漠，可能會有另一番體驗。

「你們可知道雅茲德由於地理環境的關係，因為位於邊緣的沙漠位置，進出困難，所以這個地方很大程度上沒有受過大型戰爭的破壞和影響，這包括了蒙古人入侵的時代，一直到現代都是很多人的避風港。在這沙漠邊緣城市居住的人多代以來都過著與世無爭的生活，亦已習慣了這種模式。這裡的人生活很悠閒、淳樸、簡單，都是騎著自行車，這裡是自行車之城。但你們不要以為這是一個很落後的城市，恰恰相反，這裡除了出產優質的絲綢和地毯，還有陶瓷、建築材料、金屬加工和機械製造業，也有伊朗最有名糖果製造商的工廠，最讓人意外的是，它是伊朗最大光纖製造商的所在地。雅茲德自八〇年代以來就開始擴展其工業領域，現在這裡最少擁有三個工業區，每個區包含七十多家工廠，是伊朗技術最先進的城市之一。」琵爾雲如數家珍。

「不知道為何，高科技跟波斯在我的腦海裡好像不能搭在一起。」艾璣說。

「活在古代的是我們，波斯早就進化了。」素桑微笑道。

「另外，我們一路上還會經過幾個景點，包括梅博德古城（Meybod）的納林堡壘（Narin Fortress），這堡壘是建在一個二十五公尺的黏土山上，也有泥磚塔、拱門塔，是沙漠裡最大的城市，建於一五〇一至一七二六年。梅博德的商隊驛站（Caravanserai）最出名的就是冰屋，這些冰在冬季的時候做好然後儲備在這裡，留待夏天使用，跟儲冰塔有異曲同工之處。」琵爾雲接著說。

「在五百年前的沙漠竟然有冰屋，實在不可置信！」艾璣嘖嘖稱奇。

司機覺得她們一路直走有點悶，所以他還是會帶大家到古城堡壘來逛逛，也讓她們看看伊朗人的眞實生活。

「我們沿路所見的堡壘、房子、高塔、冰屋全都是這種泥黃色的泥磚做的，這些泥磚不會被侵蝕風化嗎？能保存多久？」艾璣看著滿眼的泥黃建築說。

「梅博德是歷史學家重點修補的遺址，最早期的基層可以追溯到西元前四千年，但現在大部分的建築也是薩珊王朝時期的，這是西元二二四至六五一年間，距今也有一千多年了。」琵爾雲回答。

「很快我們便會到達雅茲德，這名字代表純潔與神聖，這是神聖之城。你們從進城開始，就可以看到這個城市富有波斯建築風格和現代風格互相輝映。」琵爾雲接著說。

只見沿路進來的城市非常整潔，房子所選的顏色也比較明亮，人們的衣著既有傳統的，也有前衛的。這個城市的感覺就是新、舊共冶一爐。

甫一到達，素桑就看到一棟比較現代的一層樓建築和瑣羅亞斯德教的教徽，那個阿胡拉·馬茲達雙翼伸展的象徵。後來琵爾雲說這是一個孟買的建築師依據阿契美尼德的建築風格並使用磚頭建成，跟印度的火廟是一脈相承的。建築物的旁邊都建有花園和果樹。不知道為何，素桑每次看到這個雙翼平開的象徵，就感覺跟埃及的伊西斯女神十分相像，但遍尋資料發現這兩個神祇並沒有多大的聯繫。根據歷史研究，伊西斯女神第一次被提及約在第五王朝之後（西元前二四九四至二三四五年），而阿胡拉·馬茲達第一次出現於記載是在波斯第一帝國阿契美尼德時期（Achaemenid Period，西元前五五〇至三三〇年），大流士一世在貝希斯敦銘文（Behistun Inscription）提及。歷史學家也有提及，當波斯帝國於西元前五二五年在貝魯西亞（Pelusium）一役中擊敗埃及軍並入侵統治埃及，成為當時世界上最大的帝國。唯一一點是當波斯王朝在統治埃及人的時候，既保持他們固有的神祇，也把波斯的神祇形象切合埃及神的形象，或許這就是為什麼祂們看起來有似曾相識的感覺。

當然雙翼伸展的象徵也可代表天使，或代表能飛上天的東西，而且祂的翼是平的橫向伸展，看來更像飛機的翼。然而她們可以提出很多想法和問題，但歷史不一定能給她們答案。

「我是第一次接觸這個宗教但感覺十分親切，這個教徽是否缺了些什麼？」艾璣突然問說。

「我覺得你的源生星族 wakasabi-waa-ka-saa-bee 跟瑣羅亞斯德教甚有關聯，你還記得當時的你把祕密分成十二份去收藏，我覺得有一份在這片土地裡。（詳見《我們都是星族人 0》——後記）」素桑說。

「這火廟建於一九三四年，但裡面的聖火在西元四七〇年已經開始焚燒，於薩珊王朝時開始，從那裡轉到阿格達（Agda），並保存了七百年，然後聖火在一一七三年移到 Nahid-e Pars 廟保存了三百年，移到雅茲德的大祭司處，再於一九三四年移到這裡。後來公開讓人參觀，成了雅茲德的標記！另外，瑣羅亞斯德宣揚積極的人生觀，過著慈悲的生活，崇敬最高的造物主，自古人們都稱此為良知的宗教。」琶爾雲繼續解釋。

素桑和艾璣跟著走進內堂，裡面有一個玻璃間隔，中間用黑銅顏色的金屬器皿供奉著永生之火。火光在器皿內跳動，非瑣羅亞斯德教徒只可以隔著玻璃觀看聖火，而教徒則可以入內朝拜。今天沒有其他遊客，不知為何導遊說她們可以進去看聖火但必須保持肅靜。

素桑在踏進內堂的時候感覺自己像穿過了一個能量網，整個身體被來回上下淨化了一次。艾璣進去後整個人如被催眠，火忽明忽暗像有個火人在上面翩翩起舞，這裡一切都很安靜，寂靜中聽到火燒的霹啪聲響。是火的脈搏在傳遞訊息嗎？素桑看到虛空中的星球自身發出一道極強的光，整個星球在一片漆黑中火光四射，天火在宇宙中噴射像黃金的蛇舌般張牙舞爪。遠看這些只是層層火焰，可是它們都刻上了宇宙的密碼，向太空中不同的地方帶著星球的碎片噴射，這些碎片墜落的地方就像接到神諭，從火中解拆著宇宙的語言。這些逝去星球所噴射的密碼和生物信息讓宇宙中不同的領域燃起了亮光。這樣，不同的星球展開新的生命。

艾璣眼神直視，大口大口地呼吸，陷入一種不能自拔的境地。素桑一手按在艾璣的肩膀讓她定神，心想不知道艾璣跟她看到的影像是否相同。素桑在層層疊疊的顯影裡看到光密碼的傳遞，並不只是非物質性的，它是眞實的存在，並以物質的方法先傳送到地球或其他星球。所以過往地球的生物確實接受過光密碼的洗禮，到今天光成為人們的動力，這並非二元屬性的光，這是包含宇宙密碼的。在人類ＤＮＡ鏈裡就已經有這些密碼組成的光，因此當人們再次用光來激活這些休眠的ＤＮＡ，所帶來的影響是如此巨大。相同地，她們在地球所建的光學院是透過凝聚每個地方的光分子，讓這些早已藏在地球的密碼在地球展現，讓它們成為下一輪世界的中心。

素桑在觀看的時候一直在接收這些訊息，她明白如果一切是外來物，那麼她們不可能在接收的時候就能契合，但若這些從一開始就已經存在於她們體內和思維訊息內，那麼地球人只需要被激活，就能記起這一切，包括土地、海洋、空氣的記憶。這一切的本源和幾億年前是一樣的，年份時間只是虛空的幻影，它們也是在思維的宇宙裡兜轉。突然間素桑明白了為何要建造光學院，為何要用光語激活、提升人們的DNA、RNA，為何要修正那麼多地和海的能量線，這些看似虛無縹緲的非實體活動，正正就是能影響地球和上面生物的實體活動。

很多人都曾經問過素桑要證明所作之事的真實性，但要找到一個機器能夠衡量這些能量或分子或等離子，或一些他們不知如何命名的力量，素桑想暫時還沒有，或許有但不普及，希望有一天這些所謂的能量工作和測試是學校教授的一環，大家都已經從自身的經驗中得到指示，那麼她們的工作也就完結了，在這之前大家還是會繼續為這個目標奮鬥的。一切其實很簡單。

素桑和艾璣慢慢切換回來，眼前的世界火光仍在起舞，一切如此寧靜。艾璣緩過神來劈頭第一句話是：「瑣羅亞斯德教和我的源生星球是有關係的，或應該說他們也是屬於整個星際族群系統，族群的正確名稱是瑣澳亞斯基亞（Zo-ohask-chia），他們也是崇尚宇宙大同，並遵守宇宙最高的法則：自然。你有看到那個火人嗎？」

「有！」素桑回答。

「那個就是瑣澳亞斯基亞的星族人，他們來的時候就是透明的通體發光，外面像有一層薄膜，裡面都是如火般的亮光，亦會展現彩虹光體。那個教徽的雙翼人只是他們外層的飛行器，並不是眞的代表這個族群。反倒是地球人看到他們飛行器的描繪，所以我剛才看到教徽的時候覺得差了點什麼，他們的手中間應該還拿著一個控制儀，身體上層有彩虹色保護罩，中間是層疊的環形武器，保護罩和飛行器能變大縮小。武器像電光圓環不斷擊出，還可以收緊。圓環也能開山劈石，整個飛船可以縮小到放進口袋大小。這個火亮人跟隨天火來到地球。其實他們本身也不大，只有兩個巴掌大小，人類只是看到這個能變大的飛行器才會把他們描繪成如此魁梧雄偉。」艾璣緩過神來慢慢說。

「那這個宗教是他們所創的嗎？」素桑問。

「不完全是，他們已是地球的一部分，根本沒有創造任何宗教的必要。但有人能接收到他們的能量頻，通過這些頻率，他們學習認識宇宙和生命，然後這些人一同聚在一起，並希望把他們接收的傳達給其他人。」艾璣繼續。

「這些人？那代表不只是一個？」素桑問。

「不是一個，是一群能收到頻率的地球人。最初他們只是在光頻中生活，那裡有一切他們所需，無需我們的空氣、食物和水。後來不同的人再接收不同的頻率訊息，在綿長的時間裡就形成了現代的瑣羅亞斯德教的雛形，這和瑣澳亞斯基亞星族人並沒有必然關係。當人類以各種頻率接收不同訊息的時候，自然會接收很多族群的訊息。我想大部分的人並沒有眞正過濾過所接收的訊息，當然也沒有想過後世會把他們變成宗教，並在幾千年來影響著人類。」艾璣說。

「這個我很能理解，如果有一天我接收訊息的時候，告訴我他是創世之神，或許我會問他是從哪個星球來的，來地球的目的是什麼？如果他叫我創立一個宗教，我一定會跑得遠遠的，因為我不覺得現今的世界還需要什麼新的宗教。如果他只是靜靜地把我帶領到心之所，超越心之界限，那麼我們應該可以和平共處，如果有其他朋友能接收到相同的頻率，大家會是何等高興地沉默聚首。但不知過多久，不知有何原因，人們就會衍生一些框架賦予規條，然後有好壞、正邪、對錯，然後人類就會不問緣由地跟隨。我其實一直對地球所出現的二元對立情況甚是不解，為何地球總是充斥著各種二元對立的現象，如天堂地獄的觀念？曾經跟一名星族朋友談論過這個問題，他說地球是二元對立屬性的，或許說這個維度一切都是以二元對立彰顯，所以外來的星族人也是以此來對應。

「但我想深一層，或許二元對立是一個被植入的概念，譬如說：『一切建立之初是零，人類的出現和思維的形成中間是否有被引導或植入這種觀念？地球若以潮水漲退、日出日落、月圓月缺、晝夜、光暗、黑白來說，這只是自然現象並不存在好壞、正邪，所以這是思維的觀念，我們清楚知道當思維歸於沉默，二元對立便會消失。這並不是地球的屬性而是人類思維的一種被引導的狀態，因為二元對立不是永遠存在的，它並不存在於我們的生命密碼內。』或許這就是佛教以入世間法和出世間法來作解釋，入世間法就自然會有二元對立，出世間的開悟法門就不再有二元對立。」素桑把這個觀感表達出來。

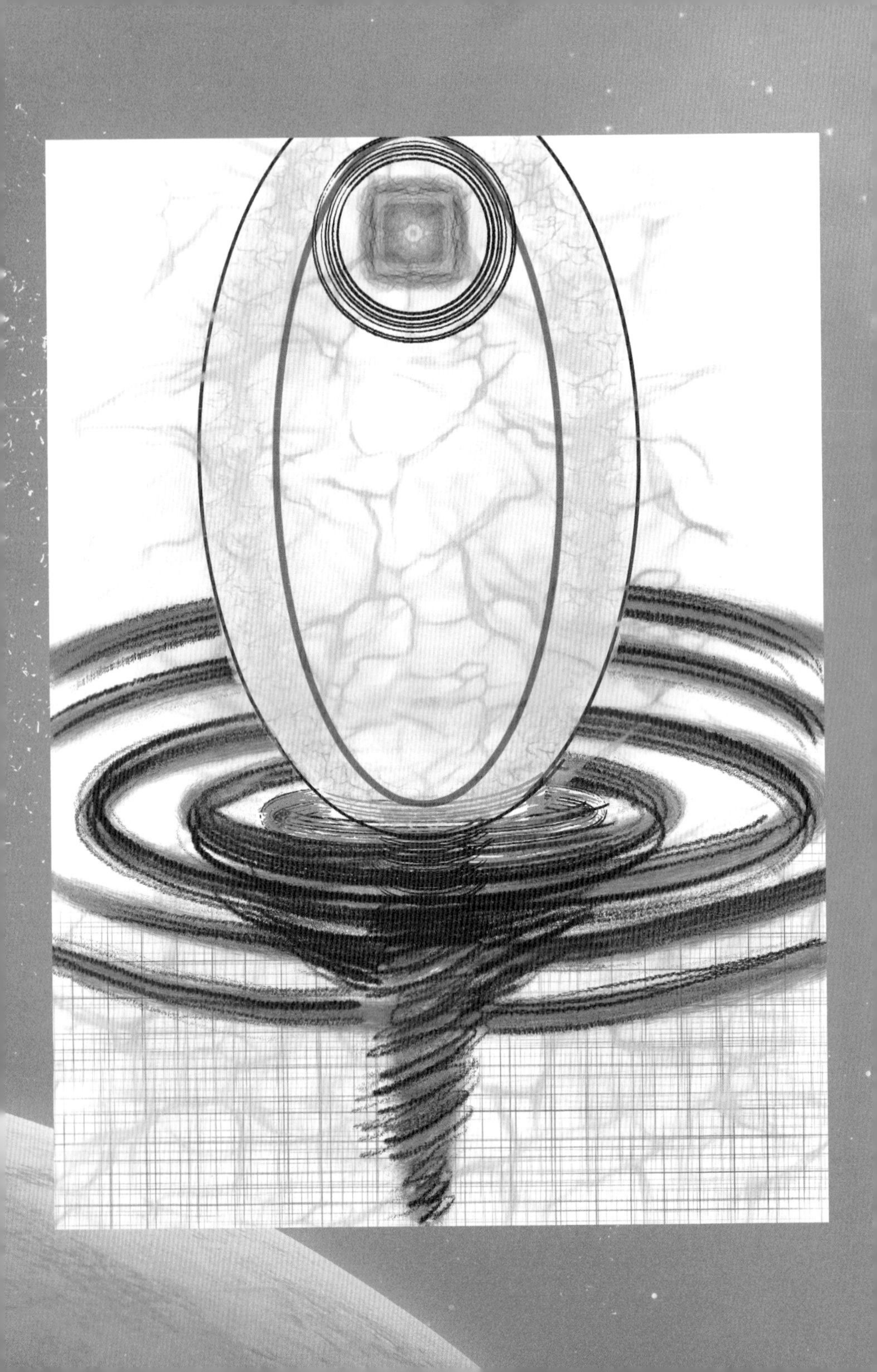

19

爲未來的新世界秩序鋪墊

每一個國家都有其自身的業，當中亦沒有一個人或國家可以倖免，或許整個地球也有一個共業，在這裡生活的每一個人也得承受著。地震、海嘯、超強颱風、火山爆發、隕石撞擊、太陽黑子、冰川融化、蝗蟲、核子禍害、各種細菌、疫症、生化武器、含改變人類DNA的疫苗，還有在暗地裡要操縱人類的無形政府，他們干預金融股市、虛擬貨幣，甚至跟外星種族結盟……

當素桑和艾璣離開雅茲德的時候，身上的光分子完全被激活，在陽光底下她們呈半透明，包著身體的外層好像一片片被融化在光之中，內外無隔閡成了一體。

第二天，她們去了波斯波利斯，這個雄偉的城市由大流士一世於西元前五一八年建立，阿契美尼德帝國的禮儀首都，用來接待外國使臣，曾經是世界上最華麗重要的城市，最後於西元前三三〇年被亞歷山大大帝焚城。它建築在一個半人工、半天然的平臺上，為的是讓所有人來這裡朝拜萬王之王。

任何人站在這裡就會被這種皇室天威所折服，可是素桑站在這裡感覺到的是無盡的唏噓，她可以想像全盛時期的波斯波利斯，百柱殿堂的氣勢，如今只剩下殘垣敗壁。素桑看到戰火屠城的那夜，所有人被烈火吞噬，渾身通紅，皮膚灼熱難耐，人們驚惶失措但逃走無門。這些或許是來自這片土地幾千年來曾受戰亂的亡魂，他們心中充滿的傷痛、恐懼、憂傷、不捨、不知所措形成強烈的負性能量，牢牢地依附在這個國家的能量層中。素桑知道每一個國家都有其自身的業，當中亦沒有一個人或國家可以倖免，或許整個地球也有一個共業，在這裡生活的每一個人也得承受著。地震、海嘯、超強颱風、火山爆發、隕石撞擊、太陽黑子、冰川融化、蝗蟲、核子禍害、各種細菌、疫症、生化武器、含改變人類DNA的疫苗，還有在暗地裡要操縱人類的無形政府，他們干預金融股市、虛擬貨幣，甚至跟外星種族結盟……究竟人們是否真正認識自己生存的地球？還是每天在疲於奔命地過活？素桑想人類一直是活在不斷的危難中，只是自己沉醉在頃刻的安寧與快樂。人們都是活在冰河期與冰河期之間，戰爭與疾病之間，生命與死亡之間，要認清生命的本質，在時局動盪的現在，自由成為了奢侈。真正的自由是什麼？人們可曾有過？如果人類不知道

「誰是我？」那麼你必然還在生命的輪迴中被捆綁，自以為是的自由，卻只是鏡中花、水中月，但作為此刻選擇回來的星族地球人，能為地球或能為自己做些什麼？

不知不覺他們在回首都的路上。來的時候繞過了查克查克，現在正是時候往瑣羅亞斯德教最為神聖的地方去看看。素桑和艾璣覺得，這可能是當年十二塊宇宙祕密牌的其中一個收藏處。

「關於查克查克的故事你們可有興趣聽聽？」琶爾雲在路上問她們。

素桑和艾璣都點頭示意。

「故事發生於西元六四〇年，當時阿拉伯大軍正在入侵波斯，妮克巴諾（Nik Bano）是薩珊王朝最後一個波斯統治者伊嗣俟三世（Yazdegerd III）的女兒，在雅茲德失守後她便逃到阿爾達坎（Ardakan）的 Anjireh 山，她從遠處看到官兵，為了逃避便一直往山上走，她對著山向阿胡拉．馬茲德祈求，希望得到保護，不會被敵兵抓去，山嶽像聽到她的祈求，從中間打開讓她得到庇護。傳說自此山中有滴滴清泉流出，山嶽以這些水滴來紀念妮克巴諾的憂傷。查克查克在波斯語中就是一滴一滴，所以這個山洞以此命名。儘管這個宗教在伊朗甚至全世界已經式微，但查克查克仍然是他們最重要的聖地。每年六月十四至六月十八日，成千上萬的信徒會在六個山裡的火廟朝拜，包括塞蒂皮爾、皮爾．薩布斯、皮爾．納拉基、皮爾．巴努、皮爾．埃里希特和皮爾．納拉斯塔，當中以皮爾．薩布斯即查克查克最為神聖。」琵爾雲跟她們介紹這個地方。

素桑聽完之後想，為什麼跟在沙漠時亞穆娜在石中開門那麼像，難道妮克巴諾也是星族人？

沿途大家看不到一輛車，整條路就像是在沙漠裡唯一的通道，沒有盡頭，可能從這裡一直走就可以去到新疆。突然間看到遠處的山有一座依山而建、土黃色的現代建築物，中間夾雜著層層疊疊的綠樹，把光禿禿的石山點綴得有點生氣。

「虔誠的瑣羅亞斯德教徒會在看見廟宇的第一眼就下車徒步前往，你們可以看到這裡有好幾座建築物，廟宇就在建築群的頂部，我們會沿著路一直往上走。這裡其實不是火廟而是他們的聖地。」琵爾雲解釋。

「這裡有一種很沉重的感覺，天地和山散發出很不一樣的能量，感覺像有一個網把它們包圍著。」艾璣下車的時候說。

大家沿著山勢拾級而上，走到最頂的山洞就是廟宇的入口，山洞門是由兩塊很大的青銅片打造，上面刻上兩個瑣羅亞斯德形象。門前有棵大樹，聽說是妮克巴諾的行山杖插進地下，然後一棵綠樹便從中生起，奇妙的是這棵大樹從石中而出。門口有一個五、六歲的小女孩坐著，皮膚白哲，眼睛呈淡綠色，圓圓的臉蛋，一身紫紅色衣衫甚是可愛。

「請你們進來，祈禱的時間快到了，進入的時候請先脫掉鞋子，披上白圍巾，這代表純淨聖潔，盡量接觸這神聖的水，可以潔淨你們的心靈，如果沒有白色圍巾也可以在這裡購買。」她笑盈盈地說。

素桑和艾璣的圍巾都不是白色的，所以隨手挑了兩條戴著，便在門口把鞋子脫了光著腳進去。山洞沒有很大，洞裡的石紋縱橫交錯，隨著火光和陽光的折射，石壁呈現不同的深淺葛紅色，有部分被火長期地熏燒，已呈黑葛色。雲石地上都濕漉漉的，原來山洞有天然泉水流下，光腳走在上面，頓時覺得一陣透心涼氣從腳底而上，涼徹心扉。山洞的一面有燭臺點了三盞油燈，中間有幾個高身的金屬火盆擺放成蓮花狀，裡面的火要在祈禱和節日才會完全點上。山洞另一邊的牆是一個大窟窿，鑲有鐵枝，牆身下是泥磚砌成的，天然光像一縷縷金絲在太陽下照射進來。

「你們可以在這裡靜靜坐一下，這是我們很神聖的地方。」門口的小女孩進來跟她們說。

素桑和艾璣在旁邊的長石墩坐下，甫一坐下素桑就看到整個地下形成漩渦狀，下面不斷有光照射上來，她知道這是一個能量渦流。當她凝視這個渦流，感覺自己不斷在上面用能量起建一座高塔，它像是以光的線連接而起，並像有生命那樣不斷加高、加大。近塔頂部分有一個圓球狀的建築，這個高塔不斷接收宇宙的能量，然後傳到地底渦流，再以閃電網狀在土地傳遞能量。素桑知道這個就是多瑪在地球眾多地方之一的光學院，中東作為人類文化的搖籃，也是最有可能展開第三次世界大戰導火線的地方，是很需要傳送光與和平能量。素桑看到地下的能量線不斷擴大，把附近的能量也激活起來，伊朗、伊拉克、以色列、沙烏地阿拉伯……

多瑪長老說：「在地球不同的地方起建這些光學院可以幫助提升地球土地、海洋和所有居住在上面生物的能量，也可以把舊有的負能量清洗，幫助地球人可以有足夠的決心和定力面對自己，活在當下，不會再被貪婪、欲念、恐懼所操縱。你不是一直在找尋有什麼可以在此時幫助地球嗎？起建三十三座光學院，每一座都有它的不同用處，這樣可以連結地球不同的地方，也可以用最快的時間改變、修補、清洗、保護加強某個點，能量救援隊在起建光學院的同時也可以加強自身的光，從而讓自己更能安於當下，找到自己的路。當你們打開星門連結，到時整個地球便會發生不可思議的改變。」

「這樣能改變人心嗎？」素桑問。

「不能，但人心會因為能量的提升而看到不一樣的自己和地球，從而作出改變。」多瑪長老回答。

「還記得你在穆一蘭絮國所提及的——『除非有一個熱愛和平和有能力抗衡現有黑暗力量的新世界秩序誕生』（詳見《我們都是星族人1》，第十四章），現在加上星子計劃，光學院和修復舊有星門、地和海的能量線，就可以成為下一輪地球新世界秩序的鋪墊。讓人類明白光能量是我們源頭能量的一部分，永遠不會失去，也不需要害怕面前種種黑暗和困難，這只是歷練的一種，一個全新視野的新世界秩序將由看清幻相的星族地球人開始。」長老繼續說。

素桑聽後放下心頭大石，她知道新世界秩序一定會成功的，她一定會做好鋪墊的工作讓這一切實現。

當素桑慢慢從渦流回到眼前的時候，只見旁邊的艾璣也已經回過神來。「我一直在追查的那一塊收藏在這裡，刻有宇宙祕密的金屬牌子，應該是在這裡的地下，但剛才想收回的時候卻看見一大個能量渦流。我跟著渦流一直穿插到地心，形成超級漩渦，然後看到你在起建一所光學院，我把渦流的能量引領到光學院，其間整個渦流被學院吸收，形成一種直射到宇宙中心的能量。在宇宙中看到不同維度、不同的光學院，上連源頭能量然後直接把光輸入地球的光學院，整個地球如同一個耀眼的光球，有很多個進出口連結著無邊宇宙，雖說是小小的地球，卻讓這光照得整個宇宙遍佈亮光。」艾璣還沉醉在這光中說。

「是的，是的！我們都是光，而且還可以把這光傳遞給地球上每一個生命。」素桑微笑回應著。

離開的時候她們在尋找門口的女孩，但現在門口坐著一個年近古稀的老伯，「請問剛才坐在這裡的小女孩往哪裡去了？」艾璣問。

「這裡從來沒有小女孩，我剛才走開了一陣子，沒有女孩！」老伯再次重複。

「或許你們遇到妮克巴諾了，她有時會出現來指導有緣人的！」老伯輕描淡寫地說。

素桑和艾璣相視而笑，是的，該出現的人自會出現。

眾生系列　JP0195

我們都是星族人 2

作　　者／王謹菱
責任編輯／劉昱伶
業　　務／顏宏紋

總 編 輯／張嘉芳
出　　版／橡樹林文化
城邦文化事業股份有限公司
104 台北市民生東路二段 141 號 5 樓
電話：(02)2500-7696　傳眞：(02)2500-1951
發　　行／英屬蓋曼群島商家庭傳媒股份有限公司城邦分公司
104 台北市中山區民生東路二段 141 號 2 樓
客服服務專線：(02)25007718；25001991
24 小時傳眞專線：(02)25001990；25001991
服務時間：週一至週五上午 09:30 ～ 12:00；下午 13:30 ～ 17:00
劃撥帳號：19863813　戶名：書虫股份有限公司
讀者服務信箱：service@readingclub.com.tw
香港發行所／城邦（香港）出版集團有限公司
香港灣仔駱克道 193 號東超商業中心 1 樓
電話：(852)25086231　傳眞：(852)25789337
Email: hkcite@biznetvigator.com
馬新發行所／城邦（馬新）出版集團【Cité (M) Sdn.Bhd. (458372 U)】
41, Jalan Radin Anum, Bandar Baru Sri Petaling,
57000 Kuala Lumpur, Malaysia.
電話：(603) 90578822　傳眞：(603) 90576622
Email：cite@cite.com.my

封面繪製／ Ziv Eisen
星語圖繪製／王謹菱
內文排版／歐陽碧智
封面設計／兩棵酸梅
印　　刷／韋懋實業有限公司

初版一刷／ 2022 年 4 月
ISBN ／ 978-626-95738-9-9
定價／ 420 元

城邦讀書花園
www.cite.com.tw

國家圖書館出版品預行編目（CIP）資料

我們都是星族人 2 / 王謹菱著 . -- 初版 . -- 臺北市：橡樹林文化，城邦文化事業股份有限公司出版：英屬蓋曼群島商家庭傳媒股份有限公司城邦分公司發行，2022.04
面；　公分 . --（眾生：JP0195）
ISBN 978-626-95738-9-9（平裝）

1. CST：靈修

192.1　　111003629

廣　告　回　函
北區郵政管理局登記證
北台字第10158號

郵資已付　免貼郵票

104 台北市中山區民生東路二段 141 號 5 樓

城邦文化事業股份有限公司
橡樹林出版事業部　收

請沿虛線剪下對折裝訂寄回，謝謝！

|橡|樹|林|

書名：我們都是星族人 2　書號：JP0195

橡樹林文化

讀者回函卡

感謝您對橡樹林出版社之支持，請將您的建議提供給我們參考與改進；請別忘了給我們一些鼓勵，我們會更加努力，出版好書與您結緣。

姓名：＿＿＿＿＿＿＿＿＿＿ □女 □男 生日：西元＿＿＿＿＿＿年

Email：＿＿＿＿＿＿＿＿＿＿＿＿＿＿＿＿＿＿＿＿＿＿

● 您從何處知道此書？

□書店 □書訊 □書評 □報紙 □廣播 □網路 □廣告 DM

□親友介紹 □橡樹林電子報 □其他＿＿＿＿＿＿＿＿

● 您以何種方式購買本書？

□誠品書店 □誠品網路書店 □金石堂書店 □金石堂網路書店

□博客來網路書店 □其他＿＿＿＿＿＿＿＿

● 您希望我們未來出版哪一種主題的書？（可複選）

□佛法生活應用 □教理 □實修法門介紹 □大師開示 □大師傳記

□佛教圖解百科 □其他＿＿＿＿＿＿＿＿

● 您對本書的建議：

＿＿＿＿＿＿＿＿＿＿＿＿＿＿＿＿＿＿＿＿＿＿＿＿

＿＿＿＿＿＿＿＿＿＿＿＿＿＿＿＿＿＿＿＿＿＿＿＿

＿＿＿＿＿＿＿＿＿＿＿＿＿＿＿＿＿＿＿＿＿＿＿＿

我已經完全了解左述內容，並同意本人資料依上述範圍內使用。

＿＿＿＿＿＿＿＿＿＿＿＿（簽名）